\毎日楽しめる！/ 2〜5歳児

なぞなぞ
&ことばあそび
決定版570問

阿部 恵／著

Gakken

❈ はじめに ❈

　子どもたちはなぞなぞが大好きです。出題されているときの表情は真剣そのもの。問題が出されると「はーい！」「はーい！」と、次々に手が挙がります。指名され、正答で「♪ピンポン、ピンポン、ピンポン！　当たりです」の声に、してやったりの表情の子、誤答で「おしい！　ちょっと違いました」の声に残念そうな表情の子、勢いで手を挙げたものの指名されても答えは頭に浮かんでいなかった子も、みんな楽しそう。「最後の問題です」の呼びかけには、「えー、もっとやりたい！」。毎回こんな声が響きます。

　このなぞなぞの魅力は何でしょう。わたしは「みんなで1つのテーマに思考をめぐらす楽しさ」だと考えています。1対1でも楽しめますが、すぐに飽きてしまいます。みんなで考えるから楽しく、だれかが正解すると自分のことのようにうれしくなり、間違えても答えられなくても、気持ちはすぐに切り替わります。また、「いろいろなことを自らの体験や知識と照らし合わせて答えを導く楽しさ」です。わからなくても友達の答えを聞いて「ああ、そうか！」と納得できるからです。

　「いつでも どこでも だれとでも」できるのが、なぞなぞあそびです。子どもたちとの触れ合いを大切にしながら、大いに楽しんでください。なお、幼児と楽しくあそぶことをテーマとしていますので、クイズ的な問いも「なぞなぞ」の中に含めました。

　　　　　　　　　　　　　　　　　　　　　　　　　阿部 恵

この本の使い方
なぞなぞやことばあそびを、分野別に570問紹介しています。

年齢表示
ご紹介するなぞなぞの対象年齢です。参考にしてください。

なぞなぞ
問題は、ご自身でアレンジしてもよいでしょう。

答え
答えは1つとは限りません。違っていても子どもの発想を受け入れましょう。

❉食べ物❉

お菓子、果物、野菜など、おいしい食べ物に関するなぞなぞが60問。食べ物への興味を深めましょう。

Q1 3歳児〜
白くてふわふわの
あま〜い
1本足おばけ。
これは、なあに?

こたえ　綿あめ(綿菓子)

\ヒント/
縁日で買ってもらったことがあるかな。

保育プチ情報
綿あめ(菓子)の材料はざらめ糖。空気中で冷やされて細い糸状になった物を、割り箸にからめます。

Q2 4歳児〜
四角いおうちに
四角い顔のきょうだいが
たくさん並んでいます。
これは、なあに?

こたえ　キャラメル

\ヒント/
なめると甘くて、おいしいです。

保育プチ情報
日本でキャラメルが生まれたのは1899年。今から100年以上も前のことです。

Q3 4歳児〜
茶色の体に銀色の服。
暑いとどろどろに
なっちゃう甘い物。
これは、なあに?

こたえ　チョコレート

\ヒント/
アーモンドが入った物もあります。

保育アドバイス
虫歯を防ぐためには、「おいしい物を食べたら口の中を清潔にする」を、習慣づけましょう。

Q4 4歳児〜
海や川では泳げなくて、
おなかにはあんこが
いっぱいの魚。
これは、なあに?

こたえ　たい焼き

\ヒント/
熱い鉄板の上で生まれました。

保育プチ情報
たい焼きの定番はあんこですが、カスタード、チョコ、抹茶、チーズクリームなどいろいろありますね。

Q5 3歳児〜
茶色い浮き輪に
お砂糖ばらばら。
これは、なあに?

こたえ　ドーナツ

\ヒント/
浮き輪ってどんな形かな。

保育プチ情報
ドーナツが輪になったのは、油で揚げるときに、熱の通りをよくするためのようです。

Q6 4歳児〜
パンパンパンと
フライパンの中で
跳ねているコーンは、
なあに?

こたえ　ポップコーン

\ヒント/
バターのおいしいにおいがします。

保育プチ情報
ポップコーンには、爆裂種というポップコーン用のトウモロコシが使われます。

ヒント
答えが出にくそうなときは、ヒントを出したり、考える時間をとってから出すなど、その場の流れを見て活用してください。

保育アドバイス
保育現場で役立つ情報や子どもたちに伝えたいことです。

保育プチ情報
なぞなぞに関する、ちょっと得する豆知識です。子どもとの会話を広げるヒントとしてご活用ください。

イラスト
なぞなぞをより楽しくするイラストです。子どもたちにも見せてあげましょう。

CONTENTS

はじめに……………………………………………………………………………2
この本の使い方……………………………………………………………………3

ADVICE なぞなぞ保育展開アドバイス……………………………5
- 展開アドバイス① 日常保育編……………………………………………6
- 展開アドバイス② 特別な日編……………………………………………8
- 展開アドバイス③ 2歳児編………………………………………………10
- 展開アドバイス④ オリジナルなぞなぞ編………………………………12

PART.1 なぞなぞなあに?……………………………13
- 食べ物………………………………………………………………………14
- 動物…………………………………………………………………………34
- 自然と植物…………………………………………………………………54
- 乗り物………………………………………………………………………66
- 行事と記念日………………………………………………………………76
- あそびとスポーツ…………………………………………………………100
- 園と生活……………………………………………………………………110
- たくさんなぞなぞ　仕事…………………………………………………122
- たくさんなぞなぞ　物語…………………………………………………126
- たくさんなぞなぞ　体……………………………………………………130
- たくさんなぞなぞ　なんでも……………………………………………138
- あいうえお動物……………………………………………………………144

PART.2 2歳児なぞなぞ……………………………153

PART.3 ことばあそび……………………………165
- 早口ことば…………………………………………………………………166
- さかさことばと回文………………………………………………………172
- ことば探し…………………………………………………………………178
- だじゃれ……………………………………………………………………184
- 答え引き索引………………………………………………………………189

ADVICE
なぞなぞ保育展開アドバイス

毎日の活動の中に「なぞなぞ」を
楽しく生かすためのアドバイスです。

展開アドバイス①
日常保育 編

「いつでも どこでも だれとでも」できるのがなぞなぞあそびです。毎日の保育の中では、朝の集いやお帰りの集いをはじめ、次の活動へ移る際の待ち時間やさまざまな隙間の時間、通園バスの中などでも楽しむことができます。
なぞなぞを日常生活の中で楽しむためのポイントをまとめました。

ポイント①

明るく楽しい展開を心がけましょう。保育者「♪なぞなぞ なぞなぞ 出しますよ」、子ども「♪いいですよ」。こんなかけ合いから始めてみましょう。設問を期待しながら集中して聞くきっかけになります。

ポイント②

優しい眼差しで（人差し指を出しながら）「第1問！」「上から読んでも、下から読んでも、同じ名まえの野菜は、なあに？」などと問いかけてみましょう。「はい！」「はい！」「はい！」と、手が挙がります。

ポイント③

「ヒントも聞いてくださいね。赤くてかわいくてミニの物もありますよ」などと、ヒントも設問に続けてみましょう。

ポイント④

多くの手が挙がった場合には、「みんなで一緒に答えをどうぞ。さん、はい！」と、一緒に答えるようにするのもよいでしょう。全員が満足できますね。

ポイント⑤

あそびの前に「答えがわかったら『はい！』と挙手をする」「○○ちゃんと指名されてから答える」など、ルールをきちんと伝えましょう。

ポイント⑥

対象年齢はあくまでも目安です。同じ設問でも「今度は動物さんのなぞなぞです」とあらかじめ範囲を伝えたり、「大サービスのヒントですよ」と色や形、鳴き声など、目の前の子どもたちが具体的にイメージできるヒントを出したりすることで、低年齢の子どもたちへのなぞなぞとして楽しむことができます。

展開アドバイス②
特別な日 編

この本では、分野別になぞなぞを紹介していますが、その中でも園行事や祝日・記念日など、特別な日の展開活用のポイントを挙げてみましょう。

ポイント①

園行事のなぞなぞは、行事そのもの・関連したことがらがなぞなぞになっています。行事前にあそぶと、その動機づけになったり、興味や関心を深めてくれたりします。

ポイント②

運動会の設問なら、子どもたちが答えた後で、「お父さんたちの綱引き、お母さんたちの玉入れも楽しみだね」とひと言そえることで、子どもたちの期待感をより高めてくれるでしょう。

ポイント③

祝日のなぞなぞは、前日のお帰りの会などに出したらどうでしょう。子どもたちに祝日の意味を直接伝えるよりも、なぞなぞから入ったほうが印象深く伝わります。

ポイント④

4〜5歳児でしたら「おうちに帰ったら、みなさんがおうちの方に『海の日』のなぞなぞを出してみてくださいね」などと、子どもたちと出し方を練習して家庭で楽しんでもらうこともできます。

ポイント⑤

例えば七五三のような古くから受け継がれた伝統行事などの場合、千歳飴やお赤飯など関連付けたことがらもなぞなぞにして紹介しています。日本の大切にしていきたい風習を子どもたちに伝えてください。

展開アドバイス③
2歳児編

2歳児になると、「ワンワン」「ニャンニャン」が「イヌ」や「ネコ」に、「ブーブー」も「パトカー」や「バス」にと、周囲のおとなや年上の子どもたちが使っていることばに近づいてきます。子どもたちの身近な物やよく知っていることをなぞなぞにしてあそんでみましょう。

ポイント①

設問前の歌のやり取り（「♪なぞなぞ なぞなぞ 出しますよ」、「♪いいですよ」）を、ゆっくり手拍子を打ちながら、楽しく歌いましょう。

ポイント②

「ふわふわの黄色い服を着て、ピヨピヨ鳴くのは、だあれ？」と、ゆっくり表情豊かに聞きます。すぐに答えを求めるのではなく、「ふわふわの黄色い服ですよ」と繰り返してもよいでしょう。

ポイント③

ヒントを出すときは、（両手をぱたぱたさせながら）「ママはニワトリです。さあ、なーんだ？」と、続けましょう。

ポイント④

子どもたちから「ヒヨコ」と正解が出たら、みんなで「ヒヨコ」と言ってみます。「ピンポン ピンポン！ 大当たり！」と、みんなで当たった喜びを共有しましょう。

ポイント⑤

語彙も体験もまだ少ない2歳児では、物をイメージ化する時間が必要です。色や形、擬音や擬声などで、イメージがゆっくり思い描けるように工夫すると、答えが出やすくなります。なぞなぞあそびにより考える楽しさ、当てる喜びを多く経験しながら、ことばへの興味が持てるようにしましょう。

展開アドバイス④
オリジナルなぞなぞ編

「○○園なぞなぞ」「○○組なぞなぞ」「先生なぞなぞ」など、オリジナルなぞなぞを楽しみましょう。子どもたちが相談しながら答えることで、触れ合いの輪が広がります。

例 ①

保育者「♪○○園なぞなぞ出しますよ」
子ども「♪いいですよ」
保育者「園庭で、春なのに吹雪を降らす大きな木は、なあに？」「ヒント、その葉っぱを使った餅のお菓子もあります」
子どもたちは園庭の木を見たり、春を思い出したりしながら考えます。答えは「サクラの木」。サクラ吹雪がきれいで、花びらとかけっこをしてあそんだことなどを話題にできます。

例 ②

保育者「♪○○組なぞなぞ出しますよ」
子ども「♪いいですよ」
保育者「○○組にある物で、四角い家に16人のきょうだい。これは、なあに？」「ヒント、手に持って使います」
16人はクレヨンの数ですが、なぞなぞで16色もの色があることがわかり、今まで気づかなかった色を知ることにもつながります。

例 ③

保育者「♪先生なぞなぞ出しますよ」
子ども「♪いいですよ」
保育者「大福が大好きで、逆上がりが得意な先生は、だあれ？」「ヒント1、年中組さんの先生です」「ヒント2、髪を後ろで結んでいます」
子どもたちはすぐに答え、その先生に会うと、「先生、逆上がり見せて！」「先生、大福が好きなの？」などと話しかける子も。家に帰って、家族に出す子もいることでしょう。

PART.1
なぞなぞ なあに?

食べ物／動物／自然と植物／乗り物／
行事と記念日／あそびとスポーツ／園と生活／
たくさんなぞなぞ 仕事／たくさんなぞなぞ 物語／
たくさんなぞなぞ 体／たくさんなぞなぞ なんでも／
あいうえお動物

食べ物

Q1 ❸歳児〜
白くてふわふわの
あま〜い
1本足おばけ。
これは、なあに?

\ヒント/
縁日で買ってもらった
ことがあるかな。

(保育プチ情報)
綿あめ(菓子)の材料はざらめ糖。空気中で冷やされて細い糸状になった物を、割り箸にからめます。

 綿あめ(綿菓子)

Q2 ❹歳児〜
四角いおうちに
四角い顔のきょうだいが
たくさん並んでいます。
これは、なあに?

\ヒント/
なめると甘くて、おいしいですよ。

(保育プチ情報)
日本でキャラメルが生まれたのは1899年、今から100年以上も前のことです。

こたえ **キャラメル**

Q3 ❹歳児〜
茶色の体に銀色の服、
暑いとどろどろに
なっちゃう甘い物。
これは、なあに?

\ヒント/
アーモンドが入った物もあります。

(保育アドバイス)
虫歯を防ぐためには、「おいしい物を食べたら口の中を清潔にする」を、習慣づけましょう。

 チョコレート

お菓子、果物、野菜など、おいしい食べ物に関するなぞなぞが60問。
食べ物への興味を深めましょう。

Q4 ❹歳児〜

海や川では泳げなくて、
おなかにはあんこが
いっぱいの魚。
これは、なあに?

こたえ **たい焼き**

\ヒント/
熱い鉄板の上で生まれ
ました。

(保育プチ情報)
たい焼きの定番はあ
んこですが、カスター
ド、チョコ、抹茶、
チーズクリームなど
いろいろありますね。

Q5 ❸歳児〜

茶色い浮き輪に
お砂糖ぱらぱら。
これは、なあに?

こたえ **ドーナツ**

\ヒント/
浮き輪ってどんな形か
な。

(保育プチ情報)
ドーナツが輪になっ
たのは、油で揚げる
ときに、熱の通りを
よくするためのよう
です。

Q6 ❹歳児〜

パンパンパンと
フライパンの中で
跳ねているコーンは、
なあに?

こたえ **ポップコーン**

\ヒント/
バターのおいしいにお
いがします。

(保育プチ情報)
ポップコーンには、
爆裂種というポップ
コーン用のトウモロ
コシが使われます。

✳ 食べ物 ✳

Q7 ❺歳児〜
あんこやきなこで
ベタベタお化粧した
丸い餅。
これは、なあに?

こたえ おはぎ

\ヒント/
ぼた餅ということもあります。

保育プチ情報
春のお彼岸はボタンで「ぼた餅」、秋はハギで「おはぎ」。その季節の花の名まえで区別されます。

Q8 ❹歳児〜
「イス」は「イス」でも、
座れません。
暑いととけてしまう
「イス」は、なあに?

こたえ アイスクリーム

\ヒント/
冷凍庫に入っています。

保育プチ情報
1869年、横浜で、「あいすくりん」の名で製造販売したのが、日本のアイスクリームの始まり。

Q9 ❹歳児〜
ふわふわ真っ白な雪山が、
あっという間に
赤、黄、緑に大変身。
これは、なあに?

こたえ かき氷

\ヒント/
イチゴ、レモン、メロンなどの味がありますね。

保育プチ情報
かき氷の歴史は古く、清少納言の『枕草子』に登場します。一般的になったのは明治になってからです。

Q10 ❹歳児〜
「ス」が「10」も
あるのに
すっぱくなくて、
甘い飲み物は、なあに?

＼ヒント／
いろいろな色があります。

（保育プチ情報）
果汁のしずくや果物の切り口の写真・絵が容器に印刷されている物は、果汁100%のジュースです。

こたえ **ジュース**

Q11 ❹歳児〜
いつも大声で
怒鳴る飲み物は、
なあに?

＼ヒント／
いたずらしたら、なんて叱られるかな?

（保育アドバイス）
甘い飲み物は飲み過ぎてしまいます。グラスについで少量にしましょう。水分補給は麦茶やお水で。

こたえ **コーラ**

Q12 ❸歳児〜
ごくごく飲むと、
白いひげができちゃう
栄養満点の飲み物は、
なあに?

＼ヒント／
夏は冷やして、冬は温めるとおいしいです。

（保育プチ情報）
ウシのおっぱいには乳首が4つ。乳牛1頭からは、1日だいたい20〜30ℓの量がとれます。

こたえ **牛乳**

✻ 食べ物 ✻

Q13 ④歳児〜
あんこが入っていて1個でも「10」っていわれる物は、なあに?

こたえ まんじゅう

\ヒント/
温泉に行くと、おみやげ屋さんでよく売っています。

保育アドバイス
落語『まんじゅうこわい』の絵本を読んだり、素話を語ったりするときの導入にもなります。

Q14 ④歳児〜
ふわふわのおうちの中はクリームがいっぱい。これは、なあに?

こたえ シュークリーム

\ヒント/
ふわふわの雲のような形です。

保育プチ情報
仏語ではシュー・ア・ラ・クレーム。シューはキャベツのことで、訳するとクリーム入りキャベツです。

Q15 ④歳児〜
「もち」は「もち」でもこどもの日に食べる葉っぱにくるまった「もち」は、なあに?

こたえ 柏餅

\ヒント/
何かの葉がついていますね。

保育プチ情報
カシワの葉は新芽が出るまで古い葉が落ちないため、縁起がよいとされています。

Q16 ３歳児〜
プリプリしていても
怒っていなくて、
食べるとおいしい
「プリ」って、なあに?

こたえ ▶ プリン

\ヒント/
おやつに出るとうれしいですね。

(保育プチ情報)
プリンは英語のプディング (pudding) の発音がなまったもの。英語ではcustard puddingといいます。

Q17 ３歳児〜
赤い顔に粒々
つけて、
緑の帽子がかわいい
果物は、なあに?

こたえ ▶ イチゴ

\ヒント/
ミルクをかけてもおいしいです。

(保育プチ情報)
表面についている小さな粒々が、イチゴの実です。あの小さな粒の中に種があるのです。

Q18 ３歳児〜
丸くて赤い顔の
ふたごちゃん。
これは、なあに?

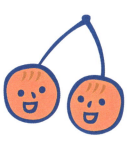

こたえ ▶ サクランボ

\ヒント/
プリンの上に乗っていることもあります。

(保育プチ情報)
サクランボができるのは、公園などで見るソメイヨシノではなく、セイヨウミザクラという木です。

❊ 食べ物 ❊

Q 19 ❸歳児〜
黄色い服の
のっぽさん。
服を脱ぐと白に変身。
これは、なあに？

こたえ ▶ バナナ

\ヒント/
おサルさんが大好き！

保育プチ情報
いつも食べているバナナに種はありませんが、縦に切ると種の跡のような筋が見えます。

Q 20 ❹歳児〜
お父さんが
「いや」って言う
果物は、なあに？

こたえ ▶ パパイヤ

\ヒント/
お父さんのことをなんて呼ぶ？

保育プチ情報
パパイヤは生で食べるだけでなく、若い実を炒めたり、漬物にして食べてもおいしいです。

Q 21 ❸歳児〜
「イカ」は「イカ」でも
丸くて大きい
しましまの「イカ」は
なあに？

こたえ ▶ スイカ

\ヒント/
冷やして食べるとおいしいですよ。

保育プチ情報
スイカの果肉の90％近くが水分です。やさしく体に吸収されるため、子どもの夏のおやつに最適。

Q22 ❸歳児〜
紫色の
まん丸坊やが
おしくらまんじゅう。
これは、なあに？

こたえ **ブドウ**

＼ヒント／
緑や茶色もあります。

(保育プチ情報)
実ができかけるとき、特別な薬をつけると、種なしブドウになります。

Q23 ❸歳児〜
丸いおうちに、
袋に入ったきょうだい
がいっぱい。
これは、なあに？

こたえ **ミカン**

＼ヒント／
袋ごと食べてもいいですよ。

(保育プチ情報)
ミカンの皮を陰干しし、からからになったら布の袋に入れ、お風呂に浮かべると体がぽかぽかに。

Q24 ❹歳児〜
野菜に似た名まえで
甘くてすっぱい
果物は、なあに？

こたえ **キウイフルーツ**

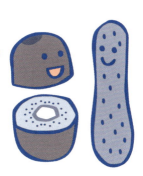

＼ヒント／
キュウリじゃないですよ。

(保育プチ情報)
ニュージーランドの国鳥キーウィに似ていることから、キウイフルーツといわれています。

✳ 食べ物 ✳

Q25 ❹歳児〜
そこにあるのに「ない」って言われる果物は、なあに?

こたえ ナシ

\ヒント/
水分たっぷり、サクサクしておいしいです。

保育プチ情報
愛宕梨のように、重さが平均1kgを超える大きなナシもあります。

Q26 ❸歳児〜
「リン、リン、リン、リン、リン」。
「リン」が5個の果物は、なあに?

こたえ リンゴ

\ヒント/
赤くて丸い果物です。

保育アドバイス
「『リン』が5個」という文言を入れずに問うと、問題がレベルアップします。

Q27 ❸歳児〜
おいしすぎて、ひと口食べたらメロメロになる果物は、なあに?

こたえ メロン

\ヒント/
この名まえのパンもありますね。

保育プチ情報
アンデスメロンの名まえは、アンデス地方のメロンではなくて、「安心ですメロン」の略だそうです。

Q28 ❹歳児〜
頭の上は草ぼうぼう、
皮は硬くて×印が
いっぱいの果物は、
なあに?

こたえ▶ パイナップル

\ヒント/
食べるところは黄色です。

(保育プチ情報)
英語ではpineapple。pineはマツという意味で、形がマツボックリに似ていることからついたようです。

Q29 ❸歳児〜
上から読んでも
下から読んでも
同じ名まえの野菜は、
なあに?

こたえ▶ トマト

\ヒント/
赤くてかわいくてミニの物もありますよ。

(保育アドバイス)
答えの「トマト」から、p.175のことばあそび「回文」に発展させましょう。

Q30 ❸歳児〜
緑の
ひょろひょろさんで、
粒々がいっぱいの
野菜は、なあに?

こたえ▶ キュウリ

\ヒント/
カッパが大好きなんですって。

(保育アドバイス)
大きくて深いプランターがあれば、園でも栽培できます。みんなで育てて、収穫できたら最高です。

✻ 食べ物 ✻

Q31 ❹歳児〜
頭はもしゃもしゃで、
きらり、きれいな
歯並び。
これは、なあに?

\ヒント/
ゆでて食べるとおいしいです。

(保育プチ情報)
もしゃもしゃのトウモロコシのひげは、粒と同じ数だけあるそうです。

こたえ ▶ トウモロコシ

Q32 ❸歳児〜
おなかは空っぽでも
栄養満点。
緑色の少し苦い
野菜は、なあに?

\ヒント/
お肉を詰めるとおいしいですよ。

(保育プチ情報)
ピーマンはトウガラシの仲間です。仏語でトウガラシを意味する「ピマン」に由来しています。

こたえ ▶ ピーマン

Q33 ❹歳児〜
「にく」は「にく」でも
お肉屋さんにはなくて、
八百屋さんにある
「にく」は、なあに?

\ヒント/
においはあるけれど栄養満点です。

(保育アドバイス)
幼児でも、加熱調理したニンニクは食べても問題ないそうです。ただし、食べ過ぎには注意しましょう。

こたえ ▶ ニンニク

Q34 ❸歳児〜
「ガス」は「ガス」でも
くさくなくて、
食べられる「ガス」は、
なあに?

こたえ **アスパラガス**

\ヒント/
ゆでてマヨネーズで食べるとおいしいです。

(保育プチ情報)
日光に当てないようにして育てた、真っ白なホワイトアスパラガスもあります。

Q35 ❹歳児〜
家の屋根よりも、
高層ビルよりも高い
マメは、なあに?

こたえ **ソラマメ**

\ヒント/
ふわふわのさやに包まれています。

(保育アドバイス)
ソラマメが登場する『すみとわらとまめ』という昔話があります。楽しく語ってみましょう。

Q36 ❸歳児〜
お母さんが
包丁を持って
泣いています。
泣かせた野菜は、なあに?

こたえ **タマネギ**

\ヒント/
切ると涙が出てきます。

(保育プチ情報)
タマネギを切ると硫化アリルが気化して、目、鼻を刺激。洗い流して目を守るために涙が出ます。

❋ 食べ物 ❋

Q37 ❸歳児〜
「ぼう」は「ぼう」でも、木でも鉄でもなくて、食べられる「ボウ」は、なあに？

こたえ ▶ ゴボウ

\ヒント/
きんぴらにするとおいしいですね。

(保育アドバイス)
ゴボウが土色の理由がわかる昔話『にんじん だいこん ごぼう』のお話をしてみましょう。

Q38 ❹歳児〜
「サイ」は「サイ」でもお鍋に入れる「サイ」は、なあに？

こたえ ▶ ハクサイ

\ヒント/
寒くなるとよく見る、白くて大きい野菜です。

(保育プチ情報)
ハクサイは95％近くが水分です。鍋や漬物に欠かせない野菜です。

Q39 ❸歳児〜
チチンプイプイ！魔法で馬車に変身しちゃった野菜は、なあに？

こたえ ▶ カボチャ

\ヒント/
シンデレラが乗りました。

(保育アドバイス)
ハロウィーンには、カボチャのランタンを作りましょう。くり抜かず、シールなどで顔を作ると簡単。

Q40 ❸歳児〜
細長くて赤茶色。
落ち葉を集めて焼くと
ほくほくおいしいのは、
なあに?

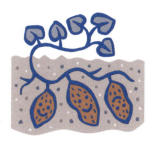

＼ヒント／
みんなで掘りに行きましたね。

保育アドバイス
「サツマイモは、ツルの下の根が大きくなった物だよ。びっくりしたね」と子どもに話しましょう。

こたえ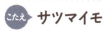
サツマイモ

Q41 ❸歳児〜
土の中で大きくなって
カレーに欠かせない、
オレンジ色の野菜は、
なあに?

＼ヒント／
ウサギもウマも大好きだって。

保育プチ情報
ニンジンには、βカロテンという色素が多く含まれているので、オレンジ色になるのです。

こたえ
ニンジン

Q42 ❹歳児〜
野菜なのに、池や沼で
大きくなって、
切ると穴がいっぱい。
これは、なあに?

＼ヒント／
水面にはきれいな花が咲きます。

保育アドバイス
レンコン、ピーマン、オクラなど、切り口のおもしろい野菜でスタンプあそびを楽しみましょう。

こたえ
レンコン

✳ 食べ物 ✳

Q43 ３歳児〜
むいてもむいても
葉っぱが巻いていて、
アオムシが大好き。
これは、なあに？

こたえ ▶ キャベツ

\ヒント/
巻いているだけに「ロールなんとか」がおいしいです。

(保育アドバイス)
紫キャベツで色水を作ると、きれいな紫色に。この色素は、アントシアニンといいます。

Q44 ３歳児〜
「いただきます」と、
手をたたいて食べる
のは、なあに？

こたえ ▶ パン

\ヒント/
手をたたくとどんな音がするかな？

(保育プチ情報)
あんパン、クリームパン、ジャムパンは明治、カレーパンは昭和に入ってすぐに日本で生まれました。

Q45 ３歳児〜
四角い顔をぐるりと
大きな耳がひと回り。
焼くとこんがりおいしい
のは、なあに？

こたえ ▶ 食パン

\ヒント/
ジャムやバターを塗るとおいしいです。

(保育アドバイス)
日本はパンの種類が豊富です。知っているパンをあげてもらいましょう。いくつ出てくるかな？

Q46 ❸歳児〜
写真を撮るとき、口から出てくる食べ物は、なあに?

こたえ **チーズ**

\ヒント/
すてきな笑顔になりますね。「ハイ！○○○」

保育アドバイス
子どもを撮るときは、腰を低くして、子どもの目線に合わせ、話しかけながら撮ると自然な表情に。

Q47 ❹歳児〜
キツネがあっかんべー。これは、なあに?

こたえ **ベーコン**

\ヒント/
キツネはなんて鳴くかな？

保育アドバイス
片方の手であっかんべーを、もう片方の手で頭をコンとたたく動作を、みんなで楽しみましょう。

Q48 ❸歳児〜
壊さないとお料理できない物は、なあに?

こたえ **卵**

\ヒント/
ゆでるときは壊しません。

保育プチ情報
鳥類や爬虫類は、陸上に卵を産み育てます。水中と違い、乾燥しやすいので、殻が乾燥を防ぎます。

✻ 食べ物 ✻

Q49 ❸歳児〜
ちょっと触ると
壊れてしまう
白くて四角い物は、
なあに?

こたえ ▶ 豆腐

\ヒント/
お味噌汁に入っています。

(保育プチ情報)
豆腐は「tofu」として、英語の辞書にも載っています。諸外国でも食べられるようになったためです。

Q50 ❸歳児〜
「むし」は「むし」でも、
茶碗に入っている
おいしい「むし」は、
なあに?

こたえ ▶ 茶碗蒸し

\ヒント/
卵を使います。

(保育アドバイス)
「茶碗蒸しを食べたことがある人?」などと問いかけ、中に入っていた具材を聞くと楽しいですよ。

Q51 ❸歳児〜
「ほし」は「ほし」でも、
空にはなくて、
赤くてすっぱい
「ほし」は、なあに?

こたえ ▶ 梅干し

\ヒント/
よくおにぎりに入っていますね。

(保育プチ情報)
梅干しに含まれる塩分と酸が、ばい菌の繁殖を抑え、食べ物を腐りにくくします。

Q52 ❸歳児〜
名まえが
「10」ある、
ネバネバさんは、
なあに?

\ヒント/
朝ご飯のときによく出てきます。

(保育プチ情報)
納豆の原料は大豆ですが、味噌、しょう油、きな粉、豆腐なども大豆から作られます。

 納豆

Q53 ❸歳児〜
丸と三角と四角が
串でつながっている、
ほかほかの食べ物は、
なあに?

\ヒント/
コンビニでも売っています。

(保育アドバイス)
ハンカチを畳みながら、はんぺん、こんにゃく、丸めて竹輪と、ハンカチあそびに発展させましょう。

 おでん

Q54 ❸歳児〜
「ペン」は「ペン」でも
字は書けません。
四角い形の食べられる
「ぺん」は、なあに?

\ヒント/
三角形のものもよく見ます。

(保育プチ情報)
はんぺんは、魚のすり身にヤマイモ、卵白などを加えて作った練り製品。おでんに欠かせませんね。

 はんぺん

✢ 食べ物 ✢

Q55 ❸歳児〜
ご飯のお山に
辛いどろどろ。
これは、なあに？

こたえ ▶ **カレーライス**

＼ヒント／
お肉にジャガイモ、タマネギ、ニンジンといえば？

(保育プチ情報)
カレーが辛いのは、カラシ、ショウガ、コショウなど、いろいろなスパイスが入っているからです。

Q56 ❸歳児〜
おにぎりになったり、
のり巻きになったり、
いつもお弁当に入っている
白い物は、なあに？

こたえ ▶ **ご飯**

＼ヒント／
毎日食べますね。

(保育プチ情報)
米作りには88回もの手間がかかるので、「八」と「十」を組み合わせ、漢字の「米」ができたとされます。

Q57 ❹歳児〜
望遠鏡じゃないけれど
細長い丸い穴から
向こうが見えるよ。
これは、なあに？

こたえ ▶ **竹輪**

＼ヒント／
穴にチーズやキュウリを入れてもおいしいです。

(保育プチ情報)
魚のすり身を棒に巻いて焼いたかまぼこの仲間。切り口がタケに似ていることから竹輪という名に。

Q58 ❹歳児〜
「ハチ」は「ハチ」でも
人を刺さないし、
ぜんぜん怖くない
「はち」は、なあに?

こたえ **はちみつ**

\ヒント/
甘くてとろ〜り。

保育プチ情報
はちみつは、アカシア、レンゲなどいろいろな花から集められ、それぞれ特徴があります。

Q59 ❹歳児〜
握って、巻かれて、
散らされて、
くるくる回って到着する
物は、なあに?

こたえ **すし（回転ずし）**

\ヒント/
みんなはわさびを抜いてもらいますね。

保育プチ情報
すしは「sushi」として英語の辞書にも載っています。日本を代表する食べ物といえます。

Q60 ❸歳児〜
ごめん、かめん、いけめん。
「めん」は「めん」でも
チャーシューと仲よしの
「めん」は、なあに?

こたえ **ラーメン**

\ヒント/
先生はチャーシュー入りが好き。

保育アドバイス
カップめんの空き容器は造形活動に使えてとても便利。きれいに洗って乾かして、保管しましょう。

❋ 動物 ❋

Q61 ❸歳児〜
「かみ」は「かみ」でも、
破れません。
怖がられる「カミ」は、
だあれ？

こたえ ▶ **オオカミ**

\ヒント/
『赤ずきん』『3匹のこぶた』といえば？

(保育プチ情報)
お話では悪者にされがちですが、本当は仲間思い。日本の野性のものは絶滅してしまいました。

Q62 ❸歳児〜
白と黒のパンは、
だあれ？

こたえ ▶ **パンダ**

\ヒント/
中国から来ました。

(保育プチ情報)
1972年、日本の上野動物園に初めてやってきたパンダの名まえは、カンカンとランランでした。

Q63 ❸歳児〜
長い首に角2本。
足も長い動物は、
だあれ？

こたえ ▶ **キリン**

\ヒント/
体の網目のような模様がきれいです。

(保育プチ情報)
長い首は、高い木の葉を食べるときも、低いところの水を飲むときも、屈まなくていいので便利です。

虫や魚も含めた身近な動物たちに関するなぞなぞが60問。
動物への興味・関心を深めていくきっかけにしましょう。

Q64 ❸歳児〜

ぶつかっていないのに、
背中に大きなこぶが
できちゃったのは、
だあれ？

こたえ **ラクダ**

\ヒント/
砂漠では人や荷物を乗せて大活躍。

(保育プチ情報)
こぶの中は、食べ物がないときに栄養に変わる脂肪。何も食べないと、徐々に小さくなるそうです。

Q65 ❹歳児〜

いつでも一緒の
仲よし親子は、
だあれ？

※「おうま」（作詞：林 柳波／作曲：松島つね）のメロディーを歌いながら出題。

こたえ **ウマ**

\ヒント/
赤ちゃんはおいしい物をなんていう？

(保育アドバイス)
答えが出たら、「おうま」を子どもたちと歌ってみましょう。やさしい童謡なのですぐに歌えます。

Q66 ❸歳児〜

「カイ」は「カイ」でも
海じゃなくて陸にいて、
クリスマスは目が回るほど
忙しい「カイ」は、だあれ？

こたえ **トナカイ**

\ヒント/
サンタさんのそりを引いて世界中を回ります。

(保育プチ情報)
トナカイは、シカの中では珍しく、メスにも角があります。

✲ 動物 ✲

Q67 ❸歳児〜
「ハム」は「ハム」でも、食べられません。「スター」と呼ばれる「ハム」は、だあれ？

こたえ ▶ **ハムスター**

\ヒント/
回し車であそぶのが大好きです。

(保育プチ情報)
人気のゴールデンハムスターの寿命は約2年。生後2〜3か月で、子どもを産めるようになります。

Q68 ❹歳児〜
うれしくなくてもいつも笑っている動物は、だあれ？

こたえ ▶ **ウシ**

\ヒント/
ウッシッシーと笑っています。

(保育プチ情報)
ウシの胃は4つに分かれています。胃が4つあるわけではありません。

Q69 ❹歳児〜
寒いところが大好きで、白くて大きくて泳ぎもじょうずな人気者は、だあれ？

こたえ ▶ **シロクマ**

\ヒント/
氷の上が大好きです。

(保育プチ情報)
シロクマと呼ばれるホッキョクグマの毛は、白く見えますが、実際は透明です。

Q70 ❸歳児〜

「♪○○ふんじゃった」と、歌の中で踏まれて鳴いたのは、だあれ?

こたえ ネコ

\ヒント/
ネズミを追いかけます。

保育アドバイス
踏んだ物をみんなに聞いて、「ねこふんじゃった」(作詞:阪田寛夫／外国曲)を替え歌で楽しみましょう。

Q71 ❹歳児〜

ネコのそっくりさんで走るスピードが動物ナンバー1は、だあれ?

こたえ チーター

\ヒント/
体は水玉模様みたいです。

保育プチ情報
ネコと違っておとなのチーターの爪は、ほとんど出たまま。スパイクのような役割をします。

Q72 ❹歳児〜

海から突然噴水がピューッ!これは、だあれ?

こたえ クジラ

\ヒント/
大きな体でゆったり泳いでいます。

保育プチ情報
クジラのしお吹きは噴水のように見えますが、クジラが吐き出した息です。

✶ 動物 ✶

Q73 ❸歳児〜
ちゃんといるのに「いるか?」って聞かれるのは、だあれ?

こたえ **イルカ**

\ヒント/
ジャンプが得意です。

保育プチ情報
イルカの鼻の穴は1つで、頭のてっぺんにあります。水面で呼吸するときに開きます。

Q74 ❹歳児〜
赤ちゃんのときは白くてもふもふ。大人になるとゴマのような斑点が出るのは、だあれ?

こたえ **ゴマフアザラシ**

\ヒント/
水族館でいろいろな芸を見せてくれます。

保育プチ情報
ゴマフアザラシの赤ちゃんの体毛は真っ白。氷の上で身を守るための保護色です。

Q75 ❹歳児〜
影が「10」ある動物は、だあれ?

こたえ **トカゲ**

\ヒント/
「10(じゅう)」は「と」ともいいます。

保育プチ情報
敵に襲われそうになると、しっぽを切って逃げます。元の長さになるまでおよそ8か月かかります。

Q76 ❸歳児〜
細くて長くて
手も足もないのに、
するするする…。
これは、だあれ？

こたえ ヘビ

\ヒント/
ぐるぐるとぐろも巻きます。

保育プチ情報
ヘビは体をくねらせることでまっすぐ進んだり、横に進んだりできます。

Q77 ❸歳児〜
渦巻きの家を、
いつも背中に
おんぶしているのは、
だあれ？

こたえ カタツムリ

\ヒント/
デンデンムシともいいますよ。

保育プチ情報
カタツムリの殻は、ヤドカリと違って、体にくっついています。そのため、取ると死んでしまいます。

Q78 ❸歳児〜
子どものころはしっぽが
あるのに、おとなに
なったらなくなるのは、
だあれ？

こたえ カエル

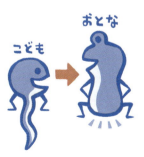

\ヒント/
雨やアジサイの葉っぱが大好きケロ！

保育プチ情報
アマガエルは体の色を周囲の色に合わせることで、敵に見つからないようにしています。

✻ 動物 ✻

Q79 ❹歳児〜
「カメ」は「カメ」でも甲羅はなくて、体の色が変わる「カメ」は、だあれ？

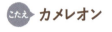
こたえ **カメレオン**

\ヒント/
長い舌を伸ばして遠くのえさをとります。

(保育プチ情報)
カメレオンの体の色が変わるのは、そのときの気分や温度、明るさなどの影響によるものです。

Q80 ❸歳児〜
今日、生まれたばかりの竜は、だあれ？

こたえ **恐竜**

\ヒント/
「オギャー」ではなくて「ガオー」と泣くかな？

(保育アドバイス)
恐竜図鑑を開いて、どんな恐竜がいたのか、どうしていなくなったのか、みんなで確かめましょう。

Q81 ❹歳児〜
ケーキみたいな名まえの大きくて強い恐竜は、だあれ？

こたえ **ティラノサウルス**

\ヒント/
ティラミスはケーキ。恐竜は？

(保育プチ情報)
ラテン語で「ティラノ」は「暴れん坊」、「サウルス」は「トカゲ」という意味です。

Q82 ❺歳児〜
いつもだれかを呼んでいる魚は、だあれ？

こたえ ▶ コイ

\ヒント/
「こっちへ〇〇」と呼びます。

(保育アドバイス)
園でコイといえば、こいのぼり。「早く空を泳ぎたい」って言っているかな？ などと、話題に。

Q83 ❸歳児〜
赤いひらひらのドレスで泳いでいる、おしゃれな魚は、だあれ？

こたえ ▶ キンギョ

\ヒント/
縁日ですくったことがあるかな？

(保育アドバイス)
お祭りですくったキンギョも大切な命。毎日、お世話をしないと死んでしまうことを伝えましょう。

Q84 ❸歳児〜
ジャンケンで出すのは決まっていつもチョキ。赤い顔で恥ずかしそうなのは、だあれ？

こたえ ▶ カニ

\ヒント/
海や川の近くにいます。

(保育プチ情報)
カニはゆっくりなら前に進めるものもいます。でも、横歩きのほうが早いため、横歩きになります。

❊ 動物 ❊

Q85 3歳児〜
目が大きくて
小さな魚は、
だあれ?

こたえ ▶ **メダカ**

\ヒント/
川や池にいる小さな魚です。

(保育プチ情報)
水の中で暮らす魚は目が乾きません。そのためまぶたは必要なく、目を開けたまま眠ります。

Q86 3歳児〜
「カニ」は「カニ」でも
横には歩けません。
強いはさみで攻撃する
「カニ」は、だあれ?

こたえ ▶ **ザリガニ**

\ヒント/
釣ったことがあるかな?

(保育プチ情報)
ザリガニのはさみは武器の役目、えさを食べるときの手の役目をします。ザリガニはエビの仲間です。

Q87 3歳児〜
重くて硬い甲羅を
おんぶして、
ウサギとかけっこして
勝ったのは、だあれ?

こたえ ▶ **カメ**

\ヒント/
危険を感じたら、頭、あし、しっぽを甲羅の中に隠します。

(保育プチ情報)
長生きするカメは縁起がよいといわれ、『浦島太郎』『うさぎとかめ』など多くの昔話に登場します。

Q88 ❹歳児〜
顔や体がプーッと膨れる魚は、だあれ？

こたえ ▶ **フグ**

\ヒント/
（ほほを膨らませて）こんなふうに膨れています。

保育プチ情報
フグが体を膨らませるのは、自分を大きく見せて敵を怖れさせ、身を守るためです。

Q89 ❹歳児〜
海から飛び出し、空中を飛ぶ魚は、だあれ？

こたえ ▶ **トビウオ**

\ヒント/
魚のことは「うお」ともいいます。

保育プチ情報
トビウオは腹びれと胸びれを広げて飛びます。敵から逃げるときに海面に飛び出します。

Q90 ❹歳児〜
ぺちゃんこの体で、海の中を「ぼうっ」と泳ぐのは、だあれ？

こたえ ▶ **マンボウ**

\ヒント/
不思議な形の魚です。

保育プチ情報
マンボウは3億個くらいの卵を産むといわれ、産卵数は魚の中でいちばんです。

❋ 動物 ❋

Q91 ❹歳児〜
鋭い歯を持ち、
海のギャングと
怖がられる魚は、
だあれ？

こたえ **サメ**

\ヒント/
夏、海水浴場に出て、泳げなくなることがありますね。

(保育プチ情報)
世界一大きなサメはジンベイザメ。おとなしいサメです。大きいと全長13mくらいになるそうです。

Q92 ❹歳児〜
海の中をふわふわ
浮かんでいるのは、
だあれ？

こたえ **クラゲ**

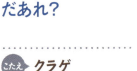

\ヒント/
形はパラシュートみたいです。

(保育プチ情報)
漢字で書くと海月、水母。体の90％以上が水分です。海中から見上げると、お月様のようです。

Q93 ❹歳児〜
危険が迫ると
体中の針を出す
魚は、だあれ？

こたえ **ハリセンボン**

\ヒント/
針は何本あるかな？

(保育プチ情報)
ハリセンボンの針は、鱗が変化した物です。

Q94 ❹歳児〜
巣の中はいつも
空っぽ。
この鳥は、だあれ?

こたえ ▶ **カラス**

\ヒント/
真っ黒ですよ。

保育アドバイス

『からすの行水』『ふくろうのそめものや』「七つの子」など、カラスが主役の昔話や童謡は多数あります。

Q95 ❺歳児〜
「いす」は「いす」でも
座れません。
空を飛ぶ
「イス」は、だあれ?

こたえ ▶ **ウグイス**

\ヒント/
春になるとホー、ホケキョと鳴きますよ。

保育プチ情報

「ホー、ホケキョ」とさえずるのは、繁殖期のオス。一生懸命練習してきれいな鳴き声になります。

Q96 ❸歳児〜
空は飛べないけれど、
泳ぐのは得意。
黒のタキシードで
きめている鳥は、だあれ?

こたえ ▶ **ペンギン**

\ヒント/
よちよち歩きでかわいいですね。

保育プチ情報

ダチョウ、エミュー、日本のヤンバルクイナなど、飛べない鳥は、ペンギンのほかにもいます。

✻ 動物 ✻

Q97 ❸歳児〜
隠れんぼが大好きだけど、茶色の帽子がすぐに見つかってしまう鳥は、だあれ?

こたえ **スズメ**

\ヒント/
庭や公園でもよく見かけますね。

(保育プチ情報)
スズメは、人が暮らしている場所に生息しています。そのため、昔話にもよく登場するのです。

Q98 ❸歳児〜
親指姫を背中に乗せて南の国まで連れて行ってくれたのは、だあれ?

こたえ **ツバメ**

\ヒント/
春になると軒下に巣を作ります。

(保育アドバイス)
ツバメの巣の下は糞で汚れますが、巣立ちまでの短い期間です。見守ってあげましょう。

Q99 ❹歳児〜
トントン、コンコン、大工さんみたいに忙しそうに木をたたく鳥は、だあれ?

こたえ **キツツキ**

\ヒント/
口ばしで木をつついていますよ。

(保育プチ情報)
キツツキは口ばしで木の幹をつついて、中にいる虫を食べています。

Q100 ❸歳児〜
ポッポッポーと
鳴く鳥は、
だあれ？

こたえ **ハト**

\ヒント/
公園によくいますね。

(保育プチ情報)
帰巣本能を利用した伝書バト。新聞社や軍隊などで通信文を運んだりするのに使われていました。

Q101 ❹歳児〜
歌がうたえて、おしゃべりもじょうず。
「おはよう」のあいさつもできちゃう鳥は、だあれ？

こたえ **オウム**

\ヒント/
「おー、うむうむ」。よく考えてね。

(保育プチ情報)
オウムやインコなどは、舌や喉の構造が人間と似ているので、ことばをまねて、おしゃべりできます。

Q102 ❸歳児〜
庭に2羽いる
鳥って、
だあれ？

こたえ **ニワトリ**

\ヒント/
コケコッコーと鳴きます。

(保育プチ情報)
特別天然記念物に指定されている尾長鶏は、観賞用のニワトリとして有名です。

❋ 動物 ❋

Q103 ❹歳児〜
桃太郎のお供をして鬼退治をした鳥は、だあれ？

こたえ ▶ **キジ**

\ヒント/
イヌとサルも一緒でした。

(保育プチ情報)
キジは日本の国鳥で、お札にかかれたこともあります。オスはきれいですが、メスは地味です。

Q104 ❹歳児〜
パーッと羽を広げるときれいな鳥は、だあれ？

こたえ ▶ **クジャク**

\ヒント/
きれいな飾り羽があります。

(保育プチ情報)
飾り羽を広げるのは、春から夏にかけての繁殖期のオス。きれいな羽を見るなら、この時期を選んで。

Q105 ❸歳児〜
夜になると「ホー ホー」と鳴くのは、だあれ？

こたえ ▶ **フクロウ**

\ヒント/
昼間はほとんど寝ているそうです。

(保育プチ情報)
フクロウの仲間の多くは夜行性。夜でも目が見え、聴覚も優れ、暗闇でも獲物を見つけます。

Q106 ４歳児〜

首が長くて真っ白で
湖や沼にいる
きれいな鳥は、
だあれ？

こたえ ▶ ハクチョウ

\ヒント/
アヒルじゃないですよ。

保育アドバイス
アンデルセンの『みにくいあひるのこ』は、タイミングを見て、子どもたちに伝えたいお話です。

Q107 ４歳児〜

きれいなピンクの羽で、
休憩するときは
いつも片あし。
この鳥は、だあれ？

こたえ ▶ フラミンゴ

\ヒント/
動物園で見ることができます。

保育プチ情報
ベニイロフラミンゴは、えさの中に含まれる色素によって赤い色になります。

Q108 ４歳児〜

空は
飛べないけれど、
走るととても速い
鳥は、だあれ？

こたえ ▶ ダチョウ

\ヒント/
鳥の中でいちばん大きいです。

保育プチ情報
鳥のあしゆびは普通４本ですが、ダチョウは２本です。

❋ 動物 ❋

Q 109 ③歳児〜

枯れ葉のコートを着て、木の枝にぶら下がってぶらぶらしているのは、だあれ?

こたえ **ミノムシ**

\ヒント/
冬になるとよく見ます。

（保育プチ情報）
ワラで編んだ雨具を「蓑」といい、似ていることからミノムシという名に。中にはガの幼虫がいます。

Q 110 ④歳児〜

両手によく切れるカマを持っている虫は、だあれ?

こたえ **カマキリ**

\ヒント/
きれいな緑色のものをよく見かけますね。

（保育プチ情報）
カマキリの前あしの先には、とげが並んでいて、内側が鋭いかまのようになっています。

Q 111 ③歳児〜

小さくても働き者で、甘いものが大好物。この虫は、だあれ?

こたえ **アリ**

\ヒント/
『○○とキリギリス』の童話に出てきますね。

（保育プチ情報）
クロオオアリは土の中に巣を作り、通常1匹の女王アリと多くの働きアリが家族で暮らしています。

Q112 ❹歳児〜
ブ〜ンと飛んできて、
チクッと刺す
嫌われもの。
この虫は、だあれ？

\ヒント/
1文字の虫です。

(保育プチ情報)
産卵のための栄養として、メスだけが動物の血を吸い、オスは（メスも）花の蜜などを吸います。

こたえ **カ**

Q113 ❸歳児〜
「だんご」は「だんご」
でも、食べられません。
指で触るとまん丸になる
「ダンゴ」は、だあれ？

\ヒント/
石の下に隠れているかな？

(保育プチ情報)
ダンゴムシは、身に危険を感じると丸くなります。あしは14本あります。

こたえ **ダンゴムシ**

Q114 ❹歳児〜
細い糸できれいな模様の
巣を作り、えさが来るのを
待ち構えている虫は、
だあれ？

\ヒント/
空に浮かんでいる物と同じ名まえです。

(保育プチ情報)
昆虫は普通6本あしですが、クモは8本なので昆虫ではありません。

こたえ **クモ**

❋ 動物 ❋

Q115 ❹歳児〜
忍者みたいに
水の上をすいすい
滑っているのは、
だあれ？

こたえ ▶ **アメンボ**

\ヒント/
甘えん坊ではないです
よ。あめのような甘いに
おいがするそうです。

（保育プチ情報）
あし先に水をはじく
毛が生えていて、ぬ
れないようになって
います。

Q116 ❹歳児〜
「ハチ」は「ハチ」でも
数字じゃなくて、
花の蜜を集める
「ハチ」は、だあれ？

こたえ ▶ **ミツバチ**

\ヒント/
とても働きものです。

（保育プチ情報）
針があるミツバチは、
女王バチと働きバチ
です。

Q117 ❹歳児〜
人さし指を立てていたら
すーっと飛んできて
指に止まったのは、
だあれ？

こたえ ▶ **アカトンボ**

\ヒント/
赤い体です。

（保育プチ情報）
トンボは前後のはね
を別々に動かします。
空中で止まること（ホ
バリング）ができま
す。

Q118 3歳児〜
お花畑をひらひら飛んで、長いストローで蜜を吸うのは、だあれ？

こたえ **チョウ**

\ヒント/
モンシロ、モンキがいます。

(保育プチ情報)
体のわりにとても大きな前ばねと小さめの後ろばねの4枚のはねを動かして飛んでいます。

Q119 4歳児〜
草むらで、バタバタ飛び跳ねるのは、だあれ？

こたえ **バッタ**

\ヒント/
ボールを打つのはバットです。

(保育プチ情報)
バッタは後ろあしの力が強いので、遠くまでジャンプすることができます。

Q120 3歳児〜
黒くて強い虫の王さまは、だあれ？

こたえ **カブトムシ**

\ヒント/
オスの角がりっぱです。

(保育プチ情報)
世界一大きいカブトムシといえば、ヘラクレスオオカブト。18cmくらいになるものもいるそうです。

自然と植物

Q 121 ❸歳児〜

「むし」は「むし」でも
空にぽっかり浮かんでいる
「むし」は、なあに?

\ヒント/
生き物で同じ名まえが
あります。

(保育アドバイス)
形が変わっていく雲
を見て、どんな形
だったか、絵やちぎ
り絵で表現するのも
楽しいですね。

こたえ **雲**

Q 122 ❸歳児〜

雨のあと
空にかかる橋は、
なあに?

\ヒント/
きれいな七色の橋です。

(保育プチ情報)
太陽を背にして、霧
吹きなどで細かい水
の粒を吹くと、虹を
作ることができます。

こたえ **虹**

Q 123 ❸歳児〜

ドンドンゴロゴロ、ピカッ。
雲の上で太鼓を
打っているのは、
だあれ?

\ヒント/
おへそが大好物です。

(保育アドバイス)
「雷様におへそを取
られる」は迷信です
が、おなかを冷やし
過ぎないようにとい
う親心です。

こたえ **雷**

気象関係や天体、植物など、自然に関するなぞなぞが36問。
自然の不思議に興味・関心をつなげていきましょう。

Q 124 ❹歳児〜
朝になるといるのに
夜になるといなくなる
のは、なあに？

\ヒント/
お天気が悪いと出てきません。

(保育アドバイス)
太陽を直接見続けていると、目に悪いので注意しましょう。

こたえ ▶ 太陽（お日様）

Q 125 ❹歳児〜
雨が降るとできる
小さなプールは、
なあに？

\ヒント/
長靴をはいて、バシャバシャしたくなります。

(保育アドバイス)
雨が上がったらお散歩タイム。きらきらの葉っぱなど「普段は見つからない物探し」を楽しんで。

こたえ ▶ 水たまり

Q 126 ❹歳児〜
何も食べないのに、
太ったりやせたりして
夜空に浮かぶのは、
なあに？

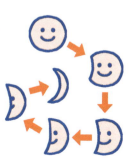

\ヒント/
おだんごは食べるのかな？

(保育プチ情報)
月の重力は、地球の約1/6。18kgの幼児は3kgくらいになります。

こたえ ▶ 月

🌼 自然と植物 🌼

Q 127 ④歳児〜
明るいと見えなくて、暗くなると見える、空にある物は、なあに?

こたえ **星（月）**

\ヒント/
きらきらしています。

（保育アドバイス）
「きらきらぼし」（作詞：武鹿悦子／フランス民謡）を歌い、きらきらしている物探しをしましょう。

Q 128 ④歳児〜
「川」は「川」でも水はなくて、空に流れるきれいな「川」は、なあに?

こたえ **天の川**

\ヒント/
織姫と彦星といえば…。

（保育プチ情報）
天の川は、夏の方がよく見えますが、冬でも見ることができます。

Q 129 ④歳児〜
夜の空をすーっと流れるのは、なあに?

こたえ **流れ星**

\ヒント/
お願いできるかな。

（保育プチ情報）
流れ星が消えるまでに、願いごとを3回続けて言うと、願いがかなうといわれています。

Q **130** ❹歳児〜
タンポポやチューリップが
ぐ〜んと大きくなって、
チョウがひらひらあそぶ
季節は、なあに?

\ヒント/
ぽかぽか暖かくなりますね。

保育アドバイス
「サクラの蕾が膨らんだのを見っけ!」と、子どもたちと春探しのお散歩をしましょう。

 春

Q **131** ❹歳児〜
夏が来る前に
じめじめしとしと
雨の日が続きます。
これは、なあに?

\ヒント/
おそばに必要な物と同じ名まえです。

保育アドバイス
じめじめしていやだけれど、カタツムリやカエルは大喜び。草花、木、野菜の生長を観察しましょう。

 梅雨

Q **132** ❹歳児〜
アイスクリームに
スイカにジュース。
冷たい物がおいしい
季節は、なあに?

\ヒント/
プールあそびも楽しいですね。

保育アドバイス
子どもたちが夏に食べたい物を聞いて、人気№1は何になるか、当てっこするのも楽しいですね。

 夏

❋ 自然と植物 ❋

Q133 ❺歳児〜
もくもくもくと
大きくなる雲は
なあに?

\ヒント/
ふわふわの綿菓子みたいです。

保育アドバイス
飛行機雲、いわし雲、羊雲などいろいろな雲があります。子どもたちと名まえをつけてみましょう。

こたえ **入道雲**

Q134 ❹歳児〜
ナシにブドウにカキにクリ。
おいしい果物がいっぱい
とれる季節は、なあに?

\ヒント/
葉っぱが赤や黄色になる、夏の次の季節です。

保育アドバイス
木の実や落ち葉をたくさん集め、造形活動を楽しみましょう。

こたえ **秋**

Q135 ❹歳児〜
海で生まれて渦巻きになって、どんどん大きくなる、
まん丸目玉の暴れん坊は、
なあに?

\ヒント/
強い風が吹いたり、大雨になったりします。

保育アドバイス
園でも、強風や洪水への備えを怠らないように気を付けましょう。

こたえ **台風**

Q 136 ❹歳児〜

クリスマス、お正月、楽しいことが続く、北風がピューピューの季節は、なあに?

こたえ 冬

\ヒント/
雪が降るところもありますね。

(保育アドバイス)
寒くても体を動かすと、ぽかぽかして汗をかきます。体が冷えないように冬でも着替えを。

Q 137 ❸歳児〜

空からちらちら落ちてくる、白いふわふわは、なあに?

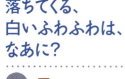

こたえ 雪

\ヒント/
○○だるまができるかな?

(保育プチ情報)
虫めがねで雪の結晶の形を見てみましょう。同じ形は、1つもありません。

Q 138 ❺歳児〜

たいへん、空からばらばらと動物が落ちてきました。これは、なあに?

こたえ ひょう

\ヒント/
似ているけれど、チーターじゃありませんよ。

(保育プチ情報)
気象庁の用語では、直径5mm未満はあられ、5mm以上をひょうとしています。

❋ 自然と植物 ❋

Q139 ❹歳児〜
山に降った雨粒が
勢ぞろいして
通る道は、なあに?

こたえ 川

\ヒント/
橋がかかっていますよ。

保育プチ情報
世界の長い川ベスト3は、1位ナイル川、2位アマゾン川、3位長江です。

Q140 ❹歳児〜
小さい川や大きい川が
集まって流れて、
最後に到着するところは、
なあに?

こたえ 海

\ヒント/
広くて魚がたくさんいます。

保育プチ情報
地球上でいちばん大きな海は太平洋です。

Q141 ❸歳児〜
頭は雲の上で
白い帽子の
山は、なあに?

こたえ 富士山

\ヒント/
日本一高い山です。

保育プチ情報
2013年、富士山は世界文化遺産に登録されました。

Q 142 ❸歳児〜

いつもお日様と
にらめっこして
あそんでいる
夏の花は、なあに?

こたえ ヒマワリ

\ヒント/
黄色の大きな花です。

(保育プチ情報)
大きい花になると、1000〜2000個の種がとれるものもあります。

Q 143 ❹歳児〜

子どものときは、
着物を何枚も重ね着して、
大きくなるとはだかんぼう。
この背高のっぽは、なあに?

こたえ タケ

\ヒント/
かぐや姫が生まれました。

(保育プチ情報)
竹の皮は抗菌性が高く、傷みにくいので、昔はおにぎりを包んでいました。昔話によく出てきますね。

Q 144 ❸歳児〜

秋になると、いがいがの中
からかわいい実が顔を出し
ます。この実がなる木は、
なあに?

こたえ クリの木

\ヒント/
ご飯でもケーキでもおいしいですね。

(保育プチ情報)
ケーキのモンブラン(mont-blanc)は、仏語で「白い山」という意味です。

🏶 自然と植物 🏶

Q 145 ③歳児〜
春になると大人気。
見上げる人が
にこにこになる
木は、なあに？

こたえ ▶ **サクラ**

\ヒント/
ハートの花びらがきれいです。

保育プチ情報
サクラは日本の国花です。ソメイヨシノは日本中で見られます。お散歩のときに探してみましょう。

Q 146 ④歳児〜
名まえを何度聞いても、
また「ききたく」なる
花は、なあに？

こたえ ▶ **キク**

\ヒント/
この花の人形もあります。

保育プチ情報
てんぷらやおひたしにするなど、食べられる食用のキクもあります。

Q 147 ③歳児〜
お花屋さんで
売っている
「パン」は、
なあに？

こたえ ▶ **パンジー**

\ヒント/
三色スミレともいいます。

保育アドバイス
パンジーは、色が豊富な花です。長い間花を咲かせるので、園の花壇に植えて楽しみましょう。

Q 148 ❸歳児〜
ポ、ポ、ポと咲く、黄色くてかわいい花は、なあに?

こたえ タンポポ

\ヒント/
綿毛もかわいいですね。

(保育アドバイス)
タンポポの綿毛ひとつひとつに種がついています。みんなでふーっと吹いて飛ばしてみましょう。

Q 149 ❹歳児〜
「アジ」といっても魚じゃなくて、「サイ」といっても動物じゃないのは、なあに?

こたえ アジサイ

\ヒント/
メロンパンみたいな形の花です。

(保育アドバイス)
アジサイを貼り絵で表現しましょう。子どもたちには「メロンパンの丸い形ね」と声かけしましょう。

Q 150 ❸歳児〜
朝いちばんに咲く、とっても早起きの花は、なあに?

こたえ アサガオ

\ヒント/
(園で育てていたら)園でも咲いていますよ。

(保育アドバイス)
花が散ったアサガオのツルを輪にして乾かし、リースを作りましょう。木の実やリボンで仕上げます。

自然と植物

Q 151 ❸歳児〜
ころころ転がって、
ポチャンと池に落ちた
かわいい木の実は、
なあに?

\ヒント/
ドジョウと仲よしです。

(保育プチ情報)
ドングリはブナやコナラなど、ブナの仲間の実のことです。ドングリという木はありません。

こたえ ▶ ドングリ

Q 152 ❹歳児〜
「クリ」は「クリ」でも
食べられません。
松の木の下に落ちている
「クリ」は、なあに?

\ヒント/
おサルさんは拾って食べたんだって。

(保育アドバイス)
リースの飾りにしたり、小さなツリーにしたり、造形活動に大活躍。お散歩で集めましょう。

こたえ ▶ マツボックリ

Q 153 ❺歳児〜
田んぼを見ると
つい褒めたくなる
物は、なあに?

\ヒント/
お米ができますよ。「い〜ね!」

(保育プチ情報)
もみから、もみ殻を取ったものが玄米です。ぬか層がついたままなので、栄養たっぷりです。

こたえ ▶ イネ

Q154 ❹歳児〜

食べるときは赤いけれど、
木になっているときは緑色。
思っただけですっぱい実が
できる木は、なあに?

\ヒント/
おにぎりに入っていますよ。

保育アドバイス

ウメの実のクエン酸やリンゴ酸は、疲労回復に効果大。梅干しやウメジュースがおススメです。

こたえ **ウメの木**

Q155 ❸歳児〜

秋の終わりに葉っぱが
落ちて、地面いっぱい
黄色のじゅうたん。
この木は、なあに?

\ヒント/
扇形の葉っぱです。

保育プチ情報

恐竜と共に生きた時代もあり、生きた化石といわれるイチョウ。ギンナンはイチョウの実です。

こたえ **イチョウ**

Q156 ❹歳児〜

ウサギやキツネや
クマや鳥たちが暮らす、
木がいっぱいの場所は、
なあに?

\ヒント/
赤ずきんちゃんも通りました。

保育プチ情報

森の木はいろいろな用途があり、水や空気をきれいにしてくれます。緑が多いと気持ちがいいですね。

こたえ **森（林）**

✼ 乗り物 ✼

Q157 ❹歳児〜
「き」は「き」でも葉っぱがなくて翼のある「き」は、なあに?

こたえ **飛行機**

\ヒント/
遠い外国へも行けますよ。

保育プチ情報
アメリカのライト兄弟が、1903年に人類初の有人動力飛行に成功しました。

Q158 ❹歳児〜
トンボのはねのようなプロペラでバタバタ飛ぶのは、なあに?

こたえ **ヘリコプター**

\ヒント/
空中で止まったままいられるのが自慢です。

保育プチ情報
滑走路不要で空中で停止（ホバリング）できます。これを利用して災害救助で大活躍します。

Q159 ❸歳児〜
モグラみたいに土の中を走る、長い乗り物は、なあに?

こたえ **地下鉄**

\ヒント/
土の中は地下ですよ。

保育プチ情報
1863年、ロンドンで世界初の地下鉄が開業。日本最初の地下鉄は1927年上野〜浅草間で開業しました。

生活に欠かせない便利な乗り物や楽しい乗り物に関するなぞなぞが30問。お散歩や遠足のときに出しても楽しいですね。

Q 160 ❸歳児〜

ビュワーン!と
超特急で走る
乗り物は、なあに?

こたえ 新幹線

\ヒント/
目にも留まらない速さです。

(保育プチ情報)
ドクターイエローと呼ばれる黄色い新幹線は、線路や電気設備を検査する、新幹線のお医者さんです。

Q 161 ❹歳児〜

新幹線よりもっと
もっと速い、夢の
乗り物は、なあに?

こたえ 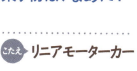リニアモーターカー

\ヒント/
車両が磁石の力で浮いて走ります。

(保育プチ情報)
最高時速500km以上のリニア中央新幹線が実現すると、東京〜大阪間を約1時間でつなぐようです。

Q 162 ❹歳児〜

1本のレールに
またがったり、
ぶら下がったり。
この乗り物は、なあに?

こたえ 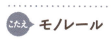モノレール

\ヒント/
動物園や遊園地の中でも走っていますね。

(保育プチ情報)
モノレール(monorail)は英語ですが、monoはギリシャ語の「単独」「1つの」が由来となっています。

❋ 乗り物 ❋

Q 163 ❸歳児〜

数字のボタンを押すと、
上がったり、
下がったり。
この箱は、なあに?

こたえ エレベーター

\ヒント/
ビルやマンションにありますね。

(保育アドバイス)
子どもたちには、家やマンションのエレベーターでも、ひとりでは乗らないように注意しましょう。

Q 164 ❹歳児〜

ロープにぶら下がって、
空中散歩できる、
四角い箱は、なあに?

こたえ ロープウェイ

\ヒント/
景色がよく見えますよ。

(保育プチ情報)
空中に渡したワイヤロープに運搬器をつるし、荷物や人を運びます。

Q 165 ❸歳児〜

3.2.1.0ドカーン!
お尻から火を噴いて
飛び立ったのは、
なあに?

こたえ ロケット

\ヒント/
宇宙旅行ができますよ。

(保育プチ情報)
日本人で初めてスペースシャトルで宇宙へ行った宇宙飛行士は、毛利衛さんです。

Q 166 ③歳児〜
赤い体でホースの口から水を出す働き者の車は、なあに?

こたえ 消防自動車

\ヒント/
火事のとき、火を消してくれます。

(保育プチ情報)
消火のときは「ウー」のサイレンと警鐘の「カンカンカン」、戻るときは「カンカンカン」だけ鳴らします。

Q 167 ③歳児〜
大けがの人や急病人を助けに行って、大急ぎで病院に運んでくれる車は、なあに?

こたえ 救急車

\ヒント/
ピーポーのサイレンです。

(保育プチ情報)
救急車を呼ぶときと火事のときは119番。慌てて警察の110番にかけてしまう人がいるそうです。

Q 168 ③歳児〜
白と黒の体でウーウーとサイレンを鳴らして走る車は、なあに?

こたえ パトカー

\ヒント/
警察の車です。

(保育プチ情報)
普通の車なのにパトライトをつけ、サイレンを鳴らして走っているのは覆面パトカーです。

乗り物

Q 169 ③歳児〜
タイヤは2つで
こがなくても進む
乗り物は、なあに?

こたえ ▶ バイク(オートバイ)

\ヒント/
郵便屋さんが乗っていますね。

(保育プチ情報)
オートバイはauto(自動的に動く)とbicycle(自転車)を組み合わせた和製語です。

Q 170 ③歳児〜
三角の帆を張って、
風を受けて進む
乗り物は、なあに?

こたえ ▶ ヨット

\ヒント/
あ〜ら、○○○!ほ〜ら○○○!

(保育アドバイス)
水に浮く空き容器や縦半分に切った牛乳パックに、支柱と三角の帆を付けると、手作りヨットに。

Q 171 ③歳児〜
湖や川で
人がこぐ舟は
なあに?

こたえ ▶ ボート(カヌー)

\ヒント/
公園や遊園地で乗ったことがあるかな?

(保育アドバイス)
おうちの人と乗るときでも、ボートの中では立ち上がったり、ふざけたりしないように話しましょう。

Q 172 ❹歳児〜

海や湖で、人を乗せて案内してくれる船は、なあに?

こたえ 遊覧船

\ヒント/
見どころを案内してくれます。

保育アドバイス
海で暮らしているイルカやクジラを見る遊覧船や、海賊船みたいな造りの遊覧船もあります。

Q 173 ❹歳児〜

「かん」は「かん」でもブクブクと海底まで潜る「かん」って、なあに?

こたえ 潜水艦

\ヒント/
1回でも千回潜ったって言われます。

保育プチ情報
海で働く乗り物には、6500mの深海まで潜る有人潜水調査船「しんかい6500」があります。

Q 174 ❸歳児〜

「拾う」のに手を上げる乗り物は、なあに?

こたえ タクシー

\ヒント/
拾うと言っても止まってもらうことです。

保育アドバイス
おうちの人とタクシーに乗るときは、大声で話さない、騒がない、ドアに触らないよう伝えましょう。

❊ 乗り物 ❊

Q 175 ❹歳児〜
トラが9頭も
乗っている
乗り物は、なあに？

こたえ **トラック**

\ヒント/
大きな荷物や重たい荷物を運びます。

(保育プチ情報)
小さな物から大きな物まで、荷台に乗せてどこへでも運ぶトラックは、働く車の代表選手です。

Q 176 ❸歳児〜
朝早くから町を走り、
大きな口でごみを
ぱくぱく。
この車は、なあに？

こたえ **ごみ収集車**

\ヒント/
来てくれないと困りますね。

(保育アドバイス)
園でもごみの分別などのルールを決めて、子どもたちにもわかるようにしておきたいですね。

Q 177 ❸歳児〜
荷台がダンダンダンと
上がって、積んでいた
土をザーッと落としたよ。
この車は、なあに？

こたえ **ダンプカー**

\ヒント/
工事現場でよく見ます。

(保育プチ情報)
ダンプカーのダンプ（dump）は、英語で「投げ捨てる」「ドサッと落とす」という意味です。

 178 ❸歳児〜

大きなドラムを
ガラガラ回しながら
走っている車は、
なあに？

こたえ▶ **ミキサー車**

\ヒント/
ドラムの中身はコンクリートです。

(保育プチ情報)
ドラムが回っているときは、コンクリートが入っているときです。固まらないように回しています。

 179 ❹歳児〜

工事現場で
おしゃべりな車は、
なあに？

こたえ▶ **ショベルカー(シャベルカー)**

\ヒント/
砂場で使う物に似ていますよ。

(保育プチ情報)
ショベルカーは、アームの先を取り換えて、掘る、つかむ、磁石で鉄をくっつけるなどができます。

 180 ❹歳児〜

「ちょうだい」と
いっても
何もくれない車は、
なあに？

こたえ▶ **クレーン車**

\ヒント/
重たい鉄骨も長いアームで上げ下げします。

(保育プチ情報)
クレーン車の「クレーン」はcrane＝鶴のこと。首が長くて自在に曲がるところが似ています。

乗り物

Q181 ❹歳児〜
「ブル」は「ブル」でも
犬じゃなくて、
大きな石も動かせる
「ブル」って、なあに?

こたえ **ブルドーザー**

\ヒント/
黄色の大きな体です。

(保育プチ情報)
ブルドーザーのブル(bull)は雄牛のこと。ゆっくり動いて力があるところが似ていますね。

Q182 ❸歳児〜
運転免許証が
なくても、
乗れる便利な
乗り物は、なあに?

こたえ **自転車**

\ヒント/
乗るときはヘルメットを忘れずに。

(保育アドバイス)
園の送り迎えに自転車を利用する際は、必ず子どものヘルメット着用を保護者に伝えましょう。

Q183 ❹歳児〜
タイヤがたった
1つしかない
乗り物は、なあに?

こたえ **一輪車**

\ヒント/
よく小学生のお兄さんやお姉さんが練習しています。

(保育アドバイス)
姿勢が正しくないと乗りこなせない一輪車。保育に取り入れている園もあります。

Q **184** ❹歳児〜

大きな風船が
人を乗せて
空をふわりふわり。
これは、なあに？

こたえ 気球

\ヒント/
色とりどりできれいです。

(保育プチ情報)
飛行船には操縦装置がありますが、気球にはなく、行き先は操縦士の腕と風任せです。

Q **185** ❸歳児〜

きれいなウマが
くるくる回っているよ。
これは、なあに？

こたえ メリーゴーラウンド

\ヒント/
遊園地の人気者です。

(保育プチ情報)
くるくる回っているときは、楽しく乗れるように音楽が流れていますね。

Q **186** ❹歳児〜

「キャー！」「キャー！」と
絶叫が聞こえるのに、
降りてきた人は楽しそう。
この乗り物は、なあに？

こたえ ジェットコースター

\ヒント/
絶叫マシンっていわれます。

(保育プチ情報)
いちばん高いところを通過するときは、前より後ろの席の方が怖いそうです。

行事と記念日

Q187 ❹歳児〜
おとなも子どもも
だれでもうそを
ついて楽しんでも
よい日は、なあに?

こたえ **エイプリルフール**

＼ヒント／
なんとか「フール」といいます。

（保育アドバイス）
4月1日は、うそをついてもよい日ですが、人を悲しませるうそはいけないことを伝えましょう。

Q188 ❹歳児〜
新しい子が園に
エンエン泣いて
来る日は、なあに?

こたえ **入園式**

＼ヒント／
みんなにもそんな日がありましたね。

（保育アドバイス）
在園児（新年長児）が門のところで出迎えると、不思議に泣きやむ子もいます。

Q189 ❺歳児〜
色の名まえが
ついている
休みの日は、なあに?

こたえ **みどりの日**

＼ヒント／
木や草の色です。

（保育プチ情報）
5月4日は国民の祝日。1989〜2006年までは4月29日でしたが、2007年から変更されました。

園生活に関係が深い行事や記念日、祝日などのなぞなぞが72問。
子どもたちに伝えるきっかけにしましょう。

Q190 ❸歳児〜
みんなの日で、
先生の日じゃ
ないのは、なあに?

こたえ **こどもの日**

\ヒント/
先生はおとなです。みんなは?

(保育プチ情報)
5月5日は国民の祝日。子どもの人格を重んじ、成長を祝い、幸せを願う日です。

Q191 ❸歳児〜
5月の風が
ごちそうで、
空をすいすい泳ぐ
大きな魚は、なあに?

こたえ **こいのぼり**

\ヒント/
「♪屋根よりたかい〜」その後は?

(保育プチ情報)
川を勢いよく遡るコイのように、子どもが元気に育つことを願って、こいのぼりを飾ります。

Q192 ❺歳児〜
名まえから虫を
取ったら、頭に
かぶる物に変身。
これは、なあに?

こたえ **かぶと**

\ヒント/
虫の王様といえば?

(保育アドバイス)
定番は新聞紙で折るかぶとですが、広告紙で折るとカラフルな飾りかぶとができます。

行事と記念日

Q193 ③歳児〜
みんなの大好きな人で、にこにこ笑っているのにハハ、ハハと言うのは、だあれ?

\ヒント/
先生も大好きでつい甘えてしまいます。

(保育アドバイス)
お母さんは「母」ともいうことを伝え、ほかにどんな呼び方をしているか聞いてみましょう。

こたえ ▶ お母さん

Q194 ③歳児〜
お母さんに「いつもありがとう」とお花をあげる日は、なあに?

\ヒント/
お花はカーネーションです。

(保育プチ情報)
5月の第2日曜日。お母さんに感謝の気持ちを伝える日です。お母さんの絵をかくと喜ばれます。

こたえ ▶ 母の日

Q195 ③歳児〜
お弁当やおやつを持って出かける楽しい日は、なあに?

\ヒント/
晴れたらいいですね。

(保育アドバイス)
バス遠足では、子どもたちが飽きない工夫をしましょう。歌やなぞなぞあそびがおススメです。

こたえ ▶ 遠足

Q 196 ❸歳児〜
遠足の日に
おんぶして行くのは、
なあに?

こたえ **リュックサック**

\ヒント/
おやつやお弁当を入れます。

保育アドバイス
遠足の持ち物をクラス便りに掲載するときは、リュックに入れる物を絵にすると、わかりやすいです。

Q 197 ❺歳児〜
1つしかないのに、
「10」って呼ばれる
物は、なあに?

こたえ **水筒**

\ヒント/
飲み物を入れます。

保育アドバイス
水筒のほかにも、イチゴ、トカゲ、ゴボウ……など、「1つしかないのに」なぞなぞができますね。

Q 198 ❸歳児〜
出発のときは
おいしい物がいっぱいで、
帰るときは空っぽ。
この箱は、なあに?

こたえ **お弁当箱**

\ヒント/
中身はおなかの中に消えてしまいました!

保育アドバイス
答えが出たら「おべんとうばこ」(作詞・作曲/不詳)の手あそびを楽しむのもいいですね。

行事と記念日

Q199 ❹歳児〜
「時間を大切にしましょう」という日は、なあに?

 時の記念日

\ヒント/
時間のことを「時」ともいいます。

保育プチ情報
6月10日。日本で初めて時計が使われた日です。

Q200 ❸歳児〜
チ・チ・チカラ持ちでパ・パ・パと仕事をする、みんなの大好きな人は、だあれ?

 お父さん

\ヒント/
みんなから頼られていますね。

保育アドバイス
お父さんのどんなところが好きか、みんなで話し合うのも、楽しいひとときになります。

Q201 ❸歳児〜
お父さんに「いつもありがとう」と伝える日は、なあに?

 父の日

\ヒント/
お父さんの絵をかいて贈ります。

保育プチ情報
6月の第3日曜日。お父さんに感謝の気持ちを伝える日です。

Q202 ❺歳児〜
1年の中で、
昼の長さがいちばん
長い日は、なあに?

こたえ ▶ **夏至**

\ヒント/
ゲジゲジではありませんよ。

(保育プチ情報)
夏至は6月21〜22日頃。北半球では、1年でいちばん昼の時間が長く、夜が短い日です。

Q203 ❸歳児〜
織姫様と彦星様が
1年に1回会える
日は、なあに?

こたえ ▶ **七夕**

\ヒント/
7月7日です。

(保育アドバイス)
雨でもカササギが集まって、天の川に橋をかけてくれるので、ふたりは会えることを伝えましょう。

Q204 ❹歳児〜
七夕の日に
願いごとを
書く紙は、なあに?

こたえ ▶ **短冊**

\ヒント/
細長い紙ですよ。

(保育アドバイス)
大きくなったら何になりたいかを聞いて、願いがかなうように短冊に書いてあげてもよいですね。

行事と記念日

Q205 ④歳児〜
ねばねばする食べ物の日は、なあに?

こたえ 納豆の日

\ヒント/
朝ご飯のときによく食べます。

(保育プチ情報)
7月10日。納豆の日は、「なっ(7)」と「とう(10)」の語呂合わせです。

Q206 ④歳児〜
日本の国をぐるっと囲んでいるものの記念日は、なあに?

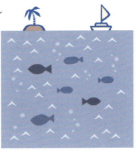

こたえ 海の日

\ヒント/
そのおかげでおいしいお魚が食べられます。

(保育プチ情報)
7月の第3月曜日は国民の祝日。わたしたちの生活に多くの恩恵をもたらす海に感謝する日です。

Q207 ③歳児〜
暑い夏の長いお休みは、なあに?

こたえ 夏休み

\ヒント/
友達ともしばらく会えないですね。

(保育アドバイス)
交通事故や水の事故、知らない人について行かない、外出時の帽子着用、暴飲暴食などにも注意を。

Q208 ❸歳児〜
夏休み、毎朝
早起きして
行くのは、なあに?

こたえ ▶ **ラジオ体操**

\ヒント/
元気にイチ・ニー・サン・シー。

保育アドバイス
規則正しい早起きの習慣は大切。町内会などのラジオ体操に親子で参加させてもらうとよいですね。

Q209 ❹歳児〜
園で、友達と一緒に
ご飯を食べたり
寝たりできる
楽しい日は、なあに?

こたえ ▶ **お泊まり保育**

\ヒント/
夕ご飯もみんなと一緒です。

保育アドバイス
不安そうにしている子には、カレーライス作りや花火大会など楽しい計画を伝えましょう。

Q210 ❹歳児〜
日本中にある
高いものの
記念日は、なあに?

こたえ ▶ **山の日**

\ヒント/
登ったことのある人、いるかな?

保育プチ情報
8月11日は国民の祝日。山に親しみ、山の恩恵に感謝する日です。

行事と記念日

Q211 ③歳児〜
おとなも子どもも
輪になって、
みんなで踊るのは、
なあに?

こたえ **盆踊り**

\ヒント/
ゆかたの人も多いですね。

(保育アドバイス)
保育の中で、子ども向けの盆踊りを楽しんでみましょう。地域の盆踊り大会にもすぐに参加できます。

Q212 ④歳児〜
家族そろってお花、
ろうそく、お線香、
お供えを持って、
出かけるのは、なあに?

こたえ **お墓参り**

\ヒント/
お盆にはご先祖様をお参りします。

(保育アドバイス)
お盆はご先祖様の霊を迎えて、供養する行事です。

Q213 ④歳児〜
1年に1回だけしか
出さないのに、
「しょっちゅう」出す
というのは、なあに?

こたえ **暑中見舞い**

\ヒント/
夏休み中に先生から届くお便りです。

(保育アドバイス)
暑中見舞いが届いたら「子どもたちに返信の協力」を、クラス便りで伝えておくとよいでしょう。

214 ❹歳児〜
きれいな花が
夜空にいっぱい
打ち上がる大会は、
なあに？

こたえ **花火大会**

＼ヒント／
ドーン！　と大きな音で上がります。

(保育アドバイス)
黒の画用紙や模造紙に、花火のイメージ画をかいてみましょう。すてきな絵になりますよ。

 215 ❹歳児〜
家も電信柱も
ぐらぐら揺れて
びっくりするのは、
なあに？

こたえ **地震**

＼ヒント／
地面が揺れて怖いです。

(保育アドバイス)
怖さだけを強調しないで、訓練通り、落ち着いて行動することの大切さを伝えましょう。

 216 ❸歳児〜
地震のとき、
頭にかぶる
物は、なあに？

こたえ **防災ずきん**

＼ヒント／
危険物から頭を守ってくれます。

(保育アドバイス)
9月1日は防災の日。押さない、かけない、しゃべらない、戻らないの「お・か・し・も」を徹底します。

❄ 行事と記念日 ❄

Q217 ❹歳児～
お年寄りに元気で長生きしてねと、感謝する日は、なあに？

こたえ ▶ 敬老の日

\ヒント/
お年寄りを大切にしましょう。

保育アドバイス
「敬」は、「相手を思って大切にすること」。この日に限らず「お年寄りは大切にしようね」と伝えましょう。

Q218 ❸歳児～
トントンたたくと喜ばれるのは、なあに？

こたえ ▶ 肩たたき

\ヒント/
気持ちがよくて、体が楽になるそうですよ。

保育アドバイス
肩たたきをすると、喜んでもらえるだけでなく、自分自身もうれしくなることを確認しましょう。

Q219 ❸歳児～
お父さん、お母さんと一緒に体操したり競争したりする、楽しい会は、なあに？

こたえ ▶ 運動会

\ヒント/
お弁当も一緒に食べます。

保育アドバイス
園の一大イベント運動会。保護者の席取りなどで混乱しないようにルール作りをしておきましょう。

Q**220** ❸歳児〜
運動会の最後に、
年長さんが
大活躍する
種目は、なあに?

＼ヒント／
バトン(フープ)を使います。

保育アドバイス
勝ち負けよりも、ひとりひとりが気持ちを合わせて、全力で走ることが大切と、伝えましょう。

 リレー

Q**221** ❺歳児〜
ヨーイ、ドン!
ゴールめざして、
力いっぱい走るのは、
なあに?

＼ヒント／
前を見て腕を振って走ります。

保育アドバイス
子どもたちには、順位ではなく、一生懸命走ることが、かっこよくて大事なことを伝えましょう。

 かけっこ(徒競走)

Q**222** ❸歳児〜
まん丸のきれいな
お月さまを見る日は、
なあに?

＼ヒント／
おだんごを食べます。

保育プチ情報
日本ではウサギの餅つきに見える月の模様も、ヨーロッパではカニ、アメリカでは女性の横顔と様々。

 お月見(十五夜)

行事と記念日

Q223 ❸歳児〜
落ち葉を集めて
何かを入れて、
煙がもくもく。
これは、なあに？

こたえ ▶ 焼きいも

\ヒント/
おいも掘りの後にやりますね。

(保育アドバイス)
ぬれた新聞紙で包んだサツマイモをさらにアルミはくで包んで焼くと、おいしい焼きいもに。

Q224 ❹歳児〜
「イモ」は「イモ」でも
食べると頭がよくなった
気になる「イモ」は、
なあに？

こたえ ▶ 大学いも

\ヒント/
サツマイモで作ります。

(保育アドバイス)
おいも掘りで家に持ち帰るサツマイモ。アレンジメニューなど、おたよりで作り方を紹介しましょう。

Q225 ❹歳児〜
3歳・5歳・7歳の
子どもを
お祝いする日は、
なあに？

こたえ ▶ 七五三

\ヒント/
大きい数から順に読みます。

(保育プチ情報)
男の子は3歳と5歳、女の子は3歳と7歳になった節目に、成長を祝います。

Q226 ❹歳児〜
お祝いの日の
赤いご飯は、
なあに？

こたえ ▶ 赤飯

＼ヒント／
豆が入っています。

(保育プチ情報)
赤飯は、もち米にアズキを入れて、蒸したり炊いたりします。アズキの汁で赤くなります。

Q227 ❸歳児〜
七五三の子が
持っている、細長い
袋に入っている物は、
なあに？

こたえ ▶ 千歳飴

＼ヒント／
白とピンク色の甘い物です。

(保育プチ情報)
「千歳」は千年という意味。子どもの健やかな成長を願って、千歳飴と名付けられました。

Q228 ❺歳児〜
1年の中で、
昼の時間が
いちばん短い日は、
なあに？

こたえ ▶ 冬至

＼ヒント／
すぐに暗くなりますよ。

(保育プチ情報)
1年で夜がいちばん長くて、昼が短い日です。冬に至ると書くとおり、本格的な寒さが訪れます。

行事と記念日

Q229 ③歳児～

12月になると
星や人形や雪を
飾った木がいっぱい。
これは、なあに？

こたえ クリスマスツリー（もみの木）

＼ヒント／
家でも町でもきらきらしています。

保育アドバイス
ツリーの飾りやリースを、折り紙、木の実、リボンなど、身近な素材を使って、作ってみましょう。

Q230 ③歳児～

赤い帽子に赤い服、
長靴をはいた
白いひげの
おじいさんは、だあれ？

こたえ サンタクロース

＼ヒント／
世界中の子どもたちにプレゼントを配ります。

保育アドバイス
サンタが登場したら、「本物のサンタさんに会えるなんて先生感激！」と、オーバー気味に喜んで。

Q231 ③歳児～

サンタクロースが
よい子にくれる
物は、なあに？

こたえ クリスマスプレゼント

＼ヒント／
みんなは何をお願いしたのかな？

保育アドバイス
「よかったね。サンタさんにお礼のお手紙を書こうね」。こんなことばかけをしてみましょう。

Q232 ❹歳児〜
1年の終わりに
家中をぴかぴかに
するのは、なあに？

こたえ 大掃除

\ヒント/
普段できないところも
きれいにします。

(保育アドバイス)
冬休みの前に、道具
箱やロッカー、靴箱
など、自分の物は自
分で片付けるように
するとよいでしょう。

Q233 ❺歳児〜
お正月が来る前に
玄関に飾るのは、
なあに？

こたえ 松飾り（門松）

\ヒント/
松が使われます。

(保育プチ情報)
幸せをもたらしてく
れる「年神様」をお
迎えするために、玄
関に飾ります。

Q234 ❺歳児〜
12月31日。
1年の最後の日は、
なあに？

こたえ 大みそか

\ヒント/
おお塩でも、おお砂糖
でもありませんよ。

(保育プチ情報)
月の最後の日を「み
そか」といい、12
月は1年の最後なの
で特別に「大」をつ
けたのだそうです。

行事と記念日

Q235 ❹歳児〜
大みそかに食べるそばは、なあに？

\ヒント/
次の年もよい年になりますようにと食べます。

(保育プチ情報)
細くて長いそばにあやかって、翌年も健康で長生きできるようにと、縁起担ぎから始まった風習です。

こたえ ▶ 年越しそば

Q236 ❺歳児〜
12月31日の夜12時に鳴る鐘は、なあに？

\ヒント/
鐘はお寺でつきます。

(保育プチ情報)
煩悩（よくない心）を除き、きれいな心になって新しい年を迎えられるよう、除夜の鐘をつきます。

こたえ ▶ 除夜の鐘

Q237 ❺歳児〜
ゴ〜ン、ゴ〜ン除夜の鐘は何回鳴らす？

\ヒント/
100回以上です。

(保育プチ情報)
人間には、欲張ったり、人をうらやんだりする気持ち「煩悩」が108あるといわれています。

こたえ ▶ 108回

Q238 ❺歳児〜

「おはよう」じゃなくて
「あけましておめでとう
ございます」とあいさつ
する日は、なあに?

こたえ 元旦(元日　お正月　1月1日)

\ヒント/
新しい年が明けたあいさつです。

保育プチ情報
1月1日は国民の祝日。新しい年の始まりを、みんなでお祝いする日です。

Q239 ❹歳児〜

新しい年になって
初めて見る夢は、
なあに?

こたえ 初夢

\ヒント/
初めては「はつ」ともいいます。

保育プチ情報
1月1日、または1月2日の夜に見る夢が、初夢とされているようです。

Q240 ❸歳児〜

すぐに消えるのは
シャボン玉。
お正月にもらえる
うれしい玉は、なあに?

こたえ お年玉

\ヒント/
あめ玉でもビー玉でもなくて……。

保育アドバイス
新しい年を迎えたお祝いとしていただくお年玉。大切に使うように伝えましょう。

行事と記念日

Q241 ❸歳児〜
お正月、郵便屋さんが届けてくれる、うれしいお便りは、なあに?

\ヒント/
お年玉が当たるとよいですね。

保育プチ情報
お年玉付き年賀はがきは、昭和24年12月に発行されました。

こたえ **年賀状**

Q242 ❸歳児〜
「つき」は「つき」でもペッタンペッタンつく「つき」は、なあに?

\ヒント/
これがないとお雑煮ができません。

保育アドバイス
伝統行事ですが、季節的にインフルエンザ、ノロウイルスなど衛生面には厳重注意が必要です。

こたえ **お餅つき**

Q243 ❹歳児〜
「ゾウ」は「ゾウ」でも簡単に手で持てるおいしい「ぞう」は、なあに?

\ヒント/
お餅が欠かせません。

保育プチ情報
お雑煮は餅を主として調理した汁物のことで、全国各地には、その土地ならではのお雑煮があります。

こたえ **お雑煮**

Q**244** ❹歳児〜

四角い箱に
おいしい食べ物が
びっしり。
この料理は、なあに?

\ヒント/
お正月に食べます。

(保育プチ情報)
もとは、年神様への供え物。家族そろって、年神様とともに食べるのが、正しいしきたりでした。

こたえ **おせち料理**

Q**245** ❺歳児〜

春の七草が
入ったお粥は、
なあに?

\ヒント/
1月7日に食べます。

(保育プチ情報)
春の七草は、セリ、ナズナ、ゴギョウ、ハコベラ、ホトケノザ、スズナ、スズシロです。

こたえ **七草粥**

Q**246** ❺歳児〜

二十歳(はたち)を
お祝いする日は、
なあに?

\ヒント/
「はたち」は20歳のことです。

(保育プチ情報)
1月の第2月曜日は国民の祝日。お祝いの式典が各地で開かれます。

こたえ **成人の日(成人式)**

行事と記念日

Q247 ❸歳児〜
節分が近付くと
「怖い怖い」と
泣いているのは、
だあれ？

こたえ ▶ 鬼

\ヒント/
豆が怖いそうです。

保育プチ情報
魔除けの力があると思われていた豆。年の数か、1個足した数の豆を食べ、無病息災を願います。

Q248 ❸歳児〜
鬼は外！
福は内！
これは、なあに？

こたえ ▶ 豆まき（節分）

\ヒント/
悪い鬼を追い出します。

保育プチ情報
節分は立春の前日。豆には鬼退治効果があると信じられ、鬼が来ないように豆をまきます。

Q249 ❹歳児〜
チョコレートを
もらって男の子が
うれしそうに
している日は、なあに？

こたえ ▶ バレンタインデー

\ヒント/
2月14日です。

保育アドバイス
園では、行事として何か行うことはありませんが、家庭ではあると思います。話題にする程度で。

Q250 ❺歳児〜
4年に1度しか
お誕生日がこない
年は、なあに？

こたえ **うるう年**

\ヒント/
4年に1度、2月29日が
あります。

(保育プチ情報)
1年は365日より約
0.25日多く、その余っ
た時間を4年に1回
まとめて2月29日に
したのがうるう年です。

Q251 ❸歳児〜
お人形を飾って、
お祝いする
女の子のお祭りは、
なあに？

こたえ **ひな祭り**

\ヒント/
3月3日です。

(保育プチ情報)
「うれしいひなまつ
り」（作詞：サトウ
ハチロー／作曲：
河村光陽）は「日
本の歌百選」です。

Q252 ❹歳児〜
3月3日に食べる
お菓子は、
なあに？

こたえ **ひなあられ（菱餅）**

\ヒント/
ピンクや白のきれいな
お菓子です。

(保育アドバイス)
園では、ひなあられ
を食べます。ひなあ
られには、1年を健
康にという願いが込
められています。

行事と記念日

Q253 ❺歳児〜
ひな祭りの別の呼び方は、なあに？

こたえ **桃の節句**

\ヒント/
おひな様に飾る花の名まえがつきます。

保育プチ情報
旧暦の3月3日頃が桃の花の咲く時期に当たるため、「桃の節句」と呼ばれるようになりました。

Q254 ❹歳児〜
ぼた餅を食べたりお墓参りをしたりする日は、なあに？

こたえ **春分の日**

\ヒント/
昼と夜の長さがだいたい同じ日です。

保育プチ情報
3月21日頃の国民の祝日。サクラの開花も聞かれるようになります。

Q255 ❹歳児〜
年長組さんが卒園して次に行くところは、どこ？

こたえ **小学校**

\ヒント/
ランドセルといえば？

保育アドバイス
学校生活がわかり、期待が膨らむ絵本を読んで、不安を取り除いてあげましょう。

Q256 ❹歳児〜

園にはかばんやリュックを
持ってきました。
小学校へ行くとき
持っていくのは、なあに？

こたえ ▶ **ランドセル**

\ヒント/
背中にしょいます。

(保育プラス情報)
オランダ語の背負う
かばん「ランセル」
が変化し、日本独自
の「ランドセル」に
なりました。

Q257 ❹歳児〜

学校へ行くとき、
必ず持っていく
本は、なあに？

こたえ ▶ **教科書**

\ヒント/
勉強するときに使う本
です。

(保育アドバイス)
小学生のきょうだい
がいる子に、お兄さ
ん、お姉さんは家で
どんな勉強をしてい
るか聞いてみても。

Q258 ❸歳児〜

年長さんが
いなくなるのに、
お祝いする日は、
なあに？

こたえ ▶ **卒園式**

\ヒント/
園に入ったときは「入園
式」でした。

(保育アドバイス)
在園児には、「今度
はみんなが小さいク
ラスの子の面倒を見
てあげてね」と、期
待につなげましょう。

あそびとスポーツ

Q259 ❹歳児〜
免許証なしでも乗れる、お父さん（お母さん）の高い車は、なあに？

こたえ ▶ **肩車**

\ヒント/
高いので周りがよく見えます。

(保育アドバイス)
ヒントを出すときは、目の上に片手をかざして、周りを見回すポーズをするとよいでしょう。

Q260 ❹歳児〜
まんじゅうなのにちっとも甘くなくて、力を使うまんじゅうは、なあに？

こたえ ▶ **おしくらまんじゅう**

\ヒント/
これをしているとぽかぽか温かくなります。

(保育アドバイス)
4〜8人くらいで、両手を胸の前でクロスさせ、肩や背中、お尻で押し合います。寒い季節におススメ。

Q261 ❹歳児〜
「とり」は「とり」でも、手とからめ合う「とり」は、なあに？

こたえ ▶ **あや取り**

\ヒント/
よく毛糸を使いますね。

(保育アドバイス)
ヒントを出すときは、あや取りの動作を交えるとよいでしょう。毛糸1本で、手指の巧緻性を高めます。

子どもたちがよく体験する、あそびとスポーツに関するなぞなぞが30問。あそびを始める前に出してみましょう。

Q262 ❸歳児〜
細くて長い紐を
くるくる回して
あそぶのは、なあに?

\ヒント/
ひとりでもふたりでも
大勢でもあそべます。

(保育アドバイス)
3歳児には、ヒント
を出すときに、縄を
回す動作を入れま
しょう。

こたえ▶ 縄跳び

Q263 ❸歳児〜
上るときは足なのに、
下りるときはお尻に
なっちゃう坂は、
なあに?

\ヒント/
すーっと降りると楽し
いですね。

(保育アドバイス)
下に人がいないか、
邪魔になる物を持っ
ていないかなど、滑
り台を安全に楽しむ
ルールのチェックを。

こたえ▶ 滑り台

Q264 ❸歳児〜
こいでもこいでも
進まず、ぶらぶら
行ったり来たり。
これは、なあに?

\ヒント/
公園にもありますよ。

(保育アドバイス)
ブランコは、全身の
筋肉を使い、バラン
ス感覚が養われま
す。また、安全への
判断力も培われます。

こたえ▶ ブランコ

あそびとスポーツ

Q265 ❹歳児〜
木が1本もなくて、動物たちもいないジャングルって、なあに？

ジャングルジム

\ヒント/
ビルの鉄骨みたいですよ。

保育アドバイス
登ったり、くぐったり、ぶら下がったり、降りたり、安全を考えながら、頭と体を使ってあそべます。

Q266 ❸歳児〜
海でも川でもなくて、お風呂でもないのに、みんな一緒に泳げるところは、なあに？

プール

\ヒント/
入る前に着替えますよ。

保育アドバイス
プールあそびは、ちょっとした油断で大きな事故になることも。複数の目で子どもを見守りましょう。

Q267 ❹歳児〜
上を見ないで下ばかり見るパチパチ花火は、なあに？

線香花火

\ヒント/
お墓参りに持っていく物と似ています。

保育アドバイス
花火を手持ちで行ったことのない子がいます。安全に注意して、線香花火から体験したいものです。

Q268 ❸歳児〜
海でもないのに砂がたくさん。これは、なあに？

こたえ ▶ 砂場

\ヒント/
山や川やおだんごを作りましたね。

(保育アドバイス)
0歳児から楽しめる砂あそび。触れて、型に入れて壊すなどを繰り返すことで脳が活性化します。

Q269 ❹歳児〜
悪いことは何もしていないのに、バシッとたたかれて取られるのは、なあに？

こたえ ▶ かるた

\ヒント/
読む人がいないとできません。

(保育アドバイス)
5歳児なら読み札を考えて文を書き、取り札の絵もかいてクラスのオリジナルを作ってみましょう。

Q270 ❹歳児〜
羽根はつくけれどバドミントンじゃなくて、板を使うのは、なあに？

こたえ ▶ 羽子板（羽根つき）

\ヒント/
板にはきれいな絵がかかれています。

(保育プチ情報)
羽根つきの羽根の先に付いている黒くて固い玉は、ムクロジという木の種です。

✼ あそびとスポーツ ✼

Q271 ❸歳児〜
あそぶときは箱から出して
あそんだ後は
箱に片付ける物は、
なあに?

こたえ **おもちゃ**

\ヒント/
人形、車、ブロック、いろいろあります。

保育アドバイス
あそぶのは楽しいけれど、片付けはつまらないもの。片付け競争にすると、あそびになります。

Q272 ❸歳児〜
くるくる回る
1本足の人気者。
これは、なあに?

こたえ **こま**

\ヒント/
紐を巻くのもありますよ。

保育アドバイス
いろいろな形のドングリにつまようじを刺して、手作りこまを楽しみましょう。

Q273 ❹歳児〜
♪もしもしかめよ…と
歌いながら、糸の付いた
玉を動かすあそびは、
なあに?

こたえ **けん玉**

\ヒント/
練習すると大技もできます。

保育アドバイス
紙コップにたこ糸を付けて、その先に丸めた紙玉などを付けたら、手作りけん玉の完成です。

Q274 ❹歳児〜
色鉛筆やクレヨンで好きな色を塗ってでき上がり。これは、なあに?

こたえ **塗り絵**

\ヒント/
線からはみ出さないように塗れるかな?

(保育アドバイス)
色を塗るには集中力が必要です。色を選ぶのも楽しいですね。できたらたくさん褒めましょう。

Q275 ❸歳児〜
いろいろな色の四角い紙がつるやかぶとに変身。このきれいな紙は、なあに?

こたえ **折り紙**

\ヒント/
イヌやチューリップも折れますね。

(保育アドバイス)
「できた!」という完成の喜びを味わうのが第一。正確に折ることは、少しずつ伝えましょう。

Q276 ❸歳児〜
「もういいか〜い」「ま〜だだよ」このあそびは、なあに?

こたえ **かくれんぼ**

\ヒント/
「○○ちゃん見っけ!」

(保育アドバイス)
見つける楽しさと、見つけてもらうわくわく感が、かくれんぼの魅力。安全に注意しましょう。

✸ あそびとスポーツ ✸

Q277 ③歳児～
「ママ」は「ママ」でも
お母さんじゃなくて、
みんなが大好きな「まま」の
あそびは、なあに？

\ヒント/
お母さんやお父さんに
なれますね。

保育アドバイス
ごっこあそびは、想像力、社会性、ことばの発達を促します。見守りつつ、あそびが発展する声かけを。

こたえ **ままごとあそび**

Q278 ③歳児～
ブタの丸焼き、
コウモリ、
逆上がり。
これは、なあに？

\ヒント/
園庭にもあります。

保育アドバイス
鉄棒が苦手な子は、サルのぶら下がり、ブタの丸焼きなど、鉄棒に慣れることから始めましょう。

こたえ **鉄棒**

Q279 ③歳児～
手は使えないけれど、
足や頭が大活躍する
スポーツは、なあに？

\ヒント/
ゴールキーパーは手も
使えます。

保育プチ情報
子どもたちにも大人気のサッカー。Jリーグは1991年に設立されました。

こたえ **サッカー**

Q280 ❹歳児〜
どっちのボール、こっちのボールと、ぶつけ合ってもいいあそびは、なあに?

こたえ **ドッジボール**

\ヒント/
ぶつけられないように逃げましょう。

(保育プチ情報)
子どもの好きなスポーツの上位に入るドッジボール。ドッジ(dodge)は逃げる、かわすという意味です。

Q281 ❹歳児〜
ピッチャー、キャッチャー、バッターといったら、なあに?

こたえ **野球(ソフトボール)**

\ヒント/
やったーホームラン!

(保育プチ情報)
男の子にはサッカーや野球の選手、女の子には食べ物屋さんや幼・保の先生が人気の職業のようです。

Q282 ❹歳児〜
「すき、すき」って、雪山を滑るスポーツは、なあに?

こたえ **スキー**

\ヒント/
よく滑る長い板を使います。

(保育アドバイス)
雪の降らない地域の子どもには伝わりにくいので、スキーで滑る動作をヒントに入れてみましょう。

あそびとスポーツ

Q283 ❹歳児〜
氷のリンクの上で
すいすい、くるくる。
これは、なあに？

\ヒント/
特別な靴をはきます。

(保育プチ情報)
練習の積み重ねで目が回らないフィギュアスケートの選手でも、長く休むと目が回ることもあるそう。

こたえ スケート（フィギュアスケート）

Q284 ❸歳児〜
お侍さんじゃないのに
ちょんまげを結って、
ぶつかり合い。
これは、なあに？

\ヒント/
「ハッケヨイ　ノコッタ　ノコッタ！」

(保育プチ情報)
おすもうさんが土俵に塩をまくのは、土俵を清めるという意味があります。

こたえ すもう

Q285 ❹歳児〜
バタフライといっても
食べ物では
ありません。
これは、なあに？

\ヒント/
背泳ぎや平泳ぎもあります。

(保育プチ情報)
水泳競技の中には、水球やシンクロナイズドスイミング、飛び込みなども含まれます。

こたえ 水泳

Q286 ❹歳児〜
小さなボールが
テーブルの上を
行ったり来たり。
これは、なあに?

こたえ **卓球(ピンポン)**

\ヒント/
大きなへらみたいなラケットです。

(保育プチ情報)
19世紀末、イギリスで食事の後、テニスの代わりに楽しまれたのが卓球の始まりのようです。

Q287 ❹歳児〜
走っても走っても
ゴールの遠い
かけっこは、
なあに?

こたえ **マラソン**

\ヒント/
ひたすら長い距離を走ります。

(保育アドバイス)
「マラソンしよう!」とひとりが走り出すと、クラスや年齢を超えて、走る仲間が自然にできます。

Q288 ❸歳児〜
森や林を抜け、
池や砂場を飛び越えて、
ボールを穴まで運ぶ
スポーツは、なあに?

こたえ **ゴルフ**

\ヒント/
広い芝生が気持ちいいですね。

(保育アドバイス)
園庭に、穴の代わりに円をかき、新聞棒でボールを打って、ゴルフごっこを楽しみましょう。

園と生活

Q289 ❸歳児〜
園で毎日、楽しく
あそぶのは、
だあれ？

こたえ　**友達（先生）**

\ヒント/
ままごとや鬼ごっこを
しますね。

(保育アドバイス)
仲のよい友達の個
人名を答える子もい
るでしょう。それも
含めて友達と受け止
めましょう。

Q290 ❸歳児〜
ポケットの中で
出番を待っている
四角い布は、
なあに？

こたえ　**ハンカチ**

\ヒント/
手をふきます。

(保育アドバイス)
きれいに洗った手を、
汚れたハンカチでふ
くことのないよう、保
護者の方にお願いし
ましょう。

Q291 ❹歳児〜
「けん」は「けん」でも
刀じゃないよ。
泡でばい菌をやっつける
「けん」は、なあに？

こたえ　**石けん**

\ヒント/
食事の前、トイレの後
の手洗いは忘れずに。

(保育アドバイス)
手をぬらすだけにな
らないように、正し
い洗い方を何度でも
伝えましょう。

子どもたちの園での生活、日常の生活に関するなぞなぞが36問。
物のなまえを覚えるきっかけにもなります。

Q292 ❸歳児〜
箱に行儀よく並んだ
きれいな色の
きょうだいたち。
これは、なあに?

こたえ ▶ **クレヨン(絵の具など)**

\ヒント/
お絵かきに使います。

保育アドバイス
使い終わったら、順番にそろえて箱に入れておくと、次に使うときに便利であることを伝えましょう。

Q293 ❹歳児〜
紙をぺったんと
くっつけるのが得意。
白いどろどろの正体は、
なあに?

こたえ ▶ **のり**

\ヒント/
スティック状の物もありますね。

保育アドバイス
指先で適量を取り、伸ばして貼り合わせる両面に塗ります。上からしっかり押さえましょう。

Q294 ❹歳児〜
吸って、吐いて
吸って、吐いて
音が出る楽器は、
なあに?

こたえ ▶ 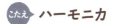**ハーモニカ**

\ヒント/
ポケットにも入ります。

保育アドバイス
吹くことはすぐにできても、吸うことで苦戦。「ストローでジュースを飲む要領で」と伝えます。

園と生活

Q295 ❹歳児〜
上のくちびるは青
下のくちびるは赤、
たたくとカッカ。
これは、なあに？

こたえ **カスタネット**

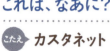

\ヒント/
手のひらに乗せてたたきます。

(保育アドバイス)
カスタネットは、突起のある赤が下、青が上です。ゴムの交換時など、間違えないようにしましょう。

Q296 ❸歳児〜
白と黒の歯が
並んだ、
きれいな音の
音楽家は、なあに？

こたえ **ピアノ（オルガン）**

\ヒント/
先生も毎日弾いていますよ。

(保育アドバイス)
ヒントを出すとき、両手で弾く動作を入れてみましょう。

Q297 ❺歳児〜
お祭りのとき、
棒でたたかれても
泣かない「こ」は、
なあに？

こたえ **太鼓**

\ヒント/
おなかに響くよい音がします。

(保育アドバイス)
空き缶や段ボール箱、お菓子の空き箱などをたたいて、音色の違いやリズムあそびを楽しみましょう。

Q298 ❸歳児〜

ちぎって、丸めて、
ねじって、伸ばして、
どんな形にも
変身するのは、なあに?

こたえ▶ **粘土**

＼ヒント／
道具箱に入っています。

(保育アドバイス)

油粘土はやわらかく、硬くなりにくいので何度でも使えます。使った後は石けんで手を洗いましょう。

Q299 ❸歳児〜

「ウシ」は「ウシ」でも
牧場にはいなくて、
みんなの頭の上にいる
「うし」は、なあに?

こたえ▶ **帽子**

＼ヒント／
頭を守ってくれますよ。

(保育アドバイス)

強い日差しからだけでなく、転んだときは頭を守ってくれます。外に出るときの必須アイテムです。

Q300 ❸歳児〜

水にぬらして
びしょびしょにしても
怒られない不思議な
服は、なあに?

こたえ▶ **水着**

＼ヒント／
プールや海で使います。

(保育アドバイス)

水着に着替えたら、脱いだ物を畳んで、着る順に重ねます。お手本を見せながら指導しましょう。

園と生活

Q301 ３歳児〜
海やプールで大活躍。
おいしいドーナツの
そっくりさんは、
なあに？

こたえ **浮き輪**

\ヒント/
ぷかぷか浮きます。

(保育アドバイス)
子どもが浮き輪をしていれば安全かというと、そうとはいい切れません。常に見守りましょう。

Q302 ３歳児〜
雨の日に大活躍。
１本足の小さな
お屋根は、なあに？

こたえ **傘**

\ヒント/
これがないとずぶぬれです。

(保育アドバイス)
人が近くにいるところで開かない、振り回さない、物をつつかないなど、傘の約束事を伝えましょう。

Q303 ４歳児〜
ぬれてもへいき、
雨の日に大活躍。
この服は、なあに？

こたえ **レインコート（かっぱ）**

\ヒント/
雨の日に着ます。

(保育アドバイス)
「みんなは、どんなレインコートを持っていますか？」と質問してみましょう。盛り上がりますよ。

Q304 ❹歳児〜

みんなが座っていても、
いつも背筋を伸ばして
立っているのは、
なあに？

\ヒント/
お尻の下を見てください。

(保育アドバイス)
毎日お世話になっているいすです。振り回したり、倒したりせず、大切に使うように伝えましょう。

こたえ▶ いす

Q305 ❹歳児〜

みんなから拍手をもらう、
四角い顔をした
お話じょうずさん。
これは、なあに？

\ヒント/
絵本ではありません。

(保育アドバイス)
演じるときに大切なのは、「ぬき」です。ゆっくり、早くなど脚本に沿って演じましょう。

こたえ▶ 紙芝居

Q306 ❸歳児〜

ウサギとパンダが、1つ
大きくなると、あら不思議
キリンとゾウに。
これは、なんのこと？
※動物の名まえはクラス名を入れます。

\ヒント/
みなさんは、今何組ですか？

(保育アドバイス)
進級は子どもたちにとって、とてもうれしいことです。年長児の場合は小学校に結びつけてもOK。

こたえ▶ 進級（新しい組）

✲ 園と生活 ✲

Q307 ❺歳児〜
とられてもとられても
減らないで、
とられるたびに増える
物は、なあに？

こたえ ▶ 写真

\ヒント/
はい、チーズ。

(保育アドバイス)
集合写真では「イチゴ好きな人？」などと問いかけ、手は挙げずに返事だけしてもらうとよい表情に。

Q308 ❹歳児〜
長い針と短い針が
同じところをぐるぐる
回っているよ。
これは、なあに？

こたえ ▶ 時計

\ヒント/
1から12までの数字が書いてあります。

(保育アドバイス)
時計があると便利なこと、ないと不便なことを子どもと話し合って、時の記念日につなげましょう。

Q309 ❺歳児〜
今朝届いたのに、
1日で古くなる
紙は、なあに？

こたえ ▶ 新聞紙

\ヒント/
毎朝届きます。

(保育アドバイス)
新聞紙の上に立ち、ジャンケン。「負けたら半分に折る」を繰り返し、立てなくなったら負けのゲームも楽しいです。

Q310 ❹歳児〜
大きな声で「よんで」も、返事をしないのは、なあに?

こたえ▶ 本

\ヒント/
この部屋にもあります。

保育アドバイス
「呼んで」と「読んで」。日本語のおもしろさを伝えるなぞなぞです。ほかにも探してみましょう。

Q311 ❹歳児〜
使えば使うほど短くなる、細長い棒は、なあに?

こたえ▶ 鉛筆

\ヒント/
字を書くときに使います。

保育アドバイス
親指と人さし指を鳥のくちばしのようにして鉛筆を挟み、中指を添えるようにすると正しく持てます。

Q312 ❺歳児〜
1階はゴミ箱で、2階が大工さん。このおうちは、なあに?

こたえ▶ 鉛筆削り

\ヒント/
鉛筆の芯が折れたらどうしますか?

保育アドバイス
保育室には手動のものを置いて、「このくらい」という加減がわかるようにしたいですね。

園と生活

Q313 ❺歳児〜
消しても消しても ごみが出てくる 物は、なあに？

\ヒント/
鉛筆と仲よしです。

保育アドバイス
子どもが使うときは、利き手に消しゴムを持ち、反対の手で消したい付近を押さえるように指導します。

こたえ **消しゴム**

Q314 ❹歳児〜
2本だと食べられるのに、1本だと食べられない物は、なあに？

\ヒント/
毎日使います。

保育アドバイス
箸をじょうずに使うには、正しい持ち方を身に付けることが大事。家庭と協力して同じ指導を。

こたえ **箸**

Q315 ❹歳児〜
最初は1本で、使うときは2本。これは、なあに？

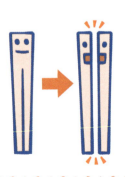

\ヒント/
パッチンと割らないと使えません。

保育プチ情報
使った割り箸は、リサイクルされると紙の原料として、生まれ変わることができます。

こたえ **割り箸**

Q316 ❹歳児〜
家の中で「りっぱ」「りっぱ」と言って歩いているよ。これは、なあに?

こたえ ▶ **スリッパ**

\ヒント/
2つ一緒に使います。

(保育プチ情報)
西洋人が土足で部屋に入るため、靴の上にはく物として、明治時代にスリッパが作られたようです。

Q317 ❺歳児〜
脱ぐことはできるけれど、着ることができません。これは、なあに?

こたえ ▶ **靴**

\ヒント/
「はく」って言います。

(保育アドバイス)
子どもが歩きにくそうにしているときは、靴のサイズが合っていないことも。保護者に伝えましょう。

Q318 ❹歳児〜
入口は1つで、その先に小さい部屋が5つ。これは、なあに?

こたえ ▶ **手袋**

\ヒント/
寒い日に必要です。

(保育アドバイス)
「手袋の反対は?」と問いかけて。「言っちゃだめ!」「ぶたれるよ!」などと、盛り上がります。

園と生活

Q319 ❹歳児〜
入口は1つで
出口は2つ。
これは、なあに?

こたえ ▶ ズボン（パンツ）

\ヒント/
スカートじゃないですよ。

保育アドバイス
「かかしさんのズボンは?」「タコさんのズボンは?」と、入口と出口の数を聞いてみましょう。

Q320 ❸歳児〜
じゃま、じゃま、と
じゃまにしているのに、
毎日着るのは、
なあに?

こたえ ▶ パジャマ

\ヒント/
寝るときに着替えます。

保育アドバイス
どんなパジャマを着たいか、絵をかいてもらい、その理由を発表するのも楽しいです。

Q321 ❸歳児〜
昼でも暗いといわれ、
お布団と仲よし。
これは、なあに?

こたえ ▶ 枕

\ヒント/
寝るときに使っているかな?

保育アドバイス
枕の使用時期にはいろいろな説が。今、使っているかどうか、子ども達に聞いてみてください。

Q322 ❸歳児〜

「チョウ」は「チョウ」でも
ぜんぜん飛べなくて、
野菜やお肉を切っちゃう
「ちょう」は、なあに?

こたえ 包丁

\ヒント/
まな板と仲よしです。

(保育アドバイス)
子どもが包丁を使うときは、子どもの手に合う大きさ・重さで、よく切れるものを選びましょう。

Q323 ❸歳児〜

「パン」は「パン」でも
食べられなくて、
長い棒がついている
「パン」は、なあに?

こたえ フライパン

\ヒント/
目玉焼きを作ります。

(保育アドバイス)
みんなで「パン」がつくことば探しを。「パンダ」「パンツ」「パンチ」など、たくさん出てきます。

Q324 ❹歳児〜

「ブタ」は「ブタ」でも
ブーブー鳴きません。
台所にいる静かな
「ぶた」は、なあに?

こたえ 鍋ぶた

\ヒント/
鍋とは大の仲よしです。

(保育アドバイス)
「ぶた」がつくことば探しを。「子ブタ」「まぶた」「ぶたい」など、いろいろ出てきます。

たくさんなぞなぞ 仕事

Q325 ❸歳児〜
\ヒント/
お誕生日のお祝いもあります。

甘くておいしい食べられる「き」を
作っているのは、だあれ？

こたえ ケーキ屋さん

Q326 ❹歳児〜
\ヒント/
この人がいないと動きません。

ぎゅうぎゅう詰めの満員電車でも、
乗れば必ず座れるのは、だあれ？

こたえ 運転手さん

Q327 ❸歳児〜
\ヒント/
赤いバイクが目印です。

雨の日も、雪の日も、台風の日も、
手紙を運んでくれるのは、だあれ？

こたえ 郵便屋さん

Q328 ❸歳児〜
\ヒント/
音がちょっと怖いですね。

みんなの歯の検査をしてくれる人で、
虫歯を治してくれるのは、だあれ？

こたえ 歯医者さん

Q329 ❸歳児〜
\ヒント/
赤い車で駆けつけてくれますよ。

火事になったときは一生懸命に火を消して
逃げ遅れた人を助けてくれるのは、だあれ？

こたえ 消防士

憧れの職業や身の回りの仕事に関するなぞなぞが20問。
お父さんやお母さんの仕事を知るきっかけにもなりますね。

Q330 ❸歳児〜
\ヒント/
白衣を着ていますよ。

おなかが痛い、頭が痛い、熱がある。
こんな病気を治してくれるのは、だあれ？

こたえ ▶ **お医者さん**

Q331 ❸歳児〜
\ヒント/
交番にいます。

みんなが安全に暮らせるように
守ってくれるのは、だあれ？

こたえ ▶ **おまわりさん**

Q332 ❸歳児〜
\ヒント/
目の前にいますよ。

ピアノを弾いたり歌をうたったり、みんなと
一緒にあそんだりするのは、だあれ？

こたえ ▶ **先生**

Q333 ❹歳児〜
\ヒント/
先生もなりたかったの。

コンサートで歌をうたったり踊ったりして、
テレビでも大活躍しているのは、だあれ？

こたえ ▶ **アイドル（歌手）**

Q334 ❹歳児〜
\ヒント/
日本人もたくさんいますね。

宇宙ステーションで、地球の周りを
回りながら仕事をしているのは、だあれ？

こたえ ▶ **宇宙飛行士**

たくさんなぞなぞ 仕事

Q335 ❸歳児〜
\ヒント/
プレゼントのお花も買いに行くでしょう？

いつもたくさんのきれいな花に囲まれて
仕事をしているのは、だあれ？

こたえ▶ **お花屋さん**

Q336 ❹歳児〜
\ヒント/
レストランにいます。

真っ白な服に長い帽子をかぶって、
おいしい料理を作っているのは、だあれ？

こたえ▶ **コックさん**

Q337 ❹歳児〜
\ヒント/
一番前は操縦席です。

飛行機の一番前の席に座って、日本の空、
世界の空を飛び回っているのは、だあれ？

こたえ▶ **パイロット**

Q338 ❹歳児〜
\ヒント/
いい声ですね。

毎日のできごとを、テレビやラジオで
わかりやすく伝えてくれるのは、だあれ？

こたえ▶ **アナウンサー**

Q339 ❹歳児〜
\ヒント/
テレビでも見ることがありますね。

きれいな洋服を着てスタイル抜群。
コマーシャルにも登場するのは、だあれ？

こたえ▶ **モデル**

Q340 ❹歳児〜

\ヒント/
卒園式では、卒園証書を渡してくれます。

春も夏も秋も、寒〜い冬の日も、
園にいる「チョウ」って、どんな「ちょう」?

こたえ ▶ **園長先生**

Q341 ❸歳児〜

\ヒント/
ゴールキーパーもいます。

広いコートで手は使わないで、ボールを
蹴りながらゴールをねらうのは、だあれ?

こたえ ▶ **サッカー選手**

Q342 ❹歳児〜

\ヒント/
1チーム9人です。

飛んでくるボールをバットで打って、走って、
アウト、セーフ、ホームラン。これは、だあれ?

こたえ ▶ **野球選手**

Q343 ❹歳児〜

\ヒント/
優しくお世話をしてくれますね。

八百屋さんにあるのはナス。病院で仕事を
しているナースといったら、だあれ?

こたえ ▶ **看護師**

Q344 ❸歳児〜

\ヒント/
朝早くから作ってくれます。

あん、クリーム、ジャム、カレー…と、
いろいろな種類を作っているのは、だあれ?

こたえ ▶ **パン屋さん**

たくさんなぞなぞ 物語

Q345 ❸歳児～
光り輝く竹から生まれた、
かわいいお姫様は、だあれ？

\ヒント/
月に帰りました。

こたえ ▶ かぐや姫

Q346 ❹歳児～
おじいさんとおばあさんのあかから
生まれた力持ちは、だあれ？

\ヒント/
化け物を退治しましたね。

こたえ ▶ あか太郎（力太郎）

Q347 ❹歳児～
おわんの舟に乗って、
都で鬼退治をしたのは、だあれ？

\ヒント/
針の刀で鬼をやっつけました。

こたえ ▶ 一寸法師

Q348 ❹歳児～
あまのじゃくにさらわれそうになった（さらわれた）
お姫様は、だあれ？

\ヒント/
ウリから生まれました。

こたえ ▶ 瓜子姫

Q349 ❸歳児～
カメの背中に乗って竜宮城に
行ったのは、だあれ？

\ヒント/
乙姫様と会いました。

こたえ ▶ 浦島太郎

子どもたちがよく知っている物語や主人公のなぞなぞが20問。
絵本の時間の始まりにどうぞ。

Q350 ❹歳児〜

\ヒント/
おならのことを「へ」ともいいます。

大きなおならでお母さんを
吹き飛ばしてしまった人は、だあれ？

こたえ ▶ へっこき嫁さん

Q351 ❸歳児〜

\ヒント/
モモから生まれました。

イヌとサルとキジをお供にして、
鬼が島へ鬼退治に行ったのは、だあれ？

こたえ ▶ 桃太郎

Q352 ❸歳児〜

\ヒント/
ツバメの背中に乗りました。

チューリップから生まれた、
小さくてかわいい女の子は、だあれ？

こたえ ▶ 親指姫

Q353 ❹歳児〜

\ヒント/
金の卵を産むニワトリもいました。

豆の木を登って雲の上で大活躍したのは、
だあれ？

こたえ ▶ ジャック

Q354 ❹歳児〜

\ヒント/
森の中をあっちこっち歩きました。

お菓子の家で魔女をやっつけた
きょうだいは、だあれ？

こたえ ▶ ヘンゼルとグレーテル

| たくさんなぞなぞ | **物語** |

Q355 ❸歳児〜

\ヒント/
お花を摘んでいましたね。

おばあさんのお見舞いに行く途中、
オオカミに声をかけられたのは、だあれ？

こたえ ▶ **赤ずきん**

Q356 ❺歳児〜

\ヒント/
ティンカーベルと一緒です。

海賊フック船長と戦った、
勇気のある男の子は、だあれ？

こたえ ▶ **ピーターパン**

Q357 ❸歳児〜

\ヒント/
カボチャの馬車に乗りました。

舞踏会の後、お城にガラスの靴を
落としてきたのは、だあれ？

こたえ ▶ **シンデレラ**

Q358 ❹歳児〜

\ヒント/
「裸だ！」と言ったのは子どもでした。

にせの仕立屋さんにだまされて、
裸で街中を行進したのは、だあれ？

こたえ ▶ **裸の王様**

Q359 ❹歳児〜

\ヒント/
7人のこびとと仲よしです。

毒リンゴを食べさせられたけれど、王子様に
助けられたお姫様は、だあれ？

こたえ ▶ **白雪姫**

Q360 ❸歳児〜

\ヒント/
オオカミをやっつけました。

ワラの家、木の家、レンガの家を作った
きょうだいは、だあれ？

こたえ ▶ **3匹のこぶた**

Q361 ❹歳児〜

\ヒント/
巨人の国にも行きました。

船の旅の途中で、嵐に巻き込まれて、
こびとの国にたどり着いたのは、だあれ？

こたえ ▶ **ガリバー**

Q362 ❹歳児〜

\ヒント/
鼻が長くなってしまった男の子です。

ゼペットおじいさんが作った、
お話しできる木のあやつり人形は、だあれ？

こたえ ▶ **ピノキオ**

Q363 ❹歳児〜

\ヒント/
王子様を助けました。

海の中のお城で暮らしていて、
人間の王子様を好きになったのは、だあれ？

こたえ ▶ **人魚姫**

Q364 ❹歳児〜

\ヒント/
おじいさんがかぶせました。

お地蔵様に雪が積もらないように
笠をかぶせてあげたお話は、なあに？

こたえ ▶ **笠地蔵**

たくさんなぞなぞ　体

Q365 ❸歳児〜

\ヒント/
顔の横についています。

みんなの体の中で、大事なお話を
聞くところは、なあに？

こたえ▶ 耳

Q366 ❹歳児〜

\ヒント/
できる人とできない人がいます。

笑ったときにほっぺにできる、
かわいいくぼみは、なあに？

こたえ▶ えくぼ

Q367 ❹歳児〜

\ヒント/
口の中にありますよ。

すましていると見えなくて、
笑っていると見えるのは、なあに？

こたえ▶ 歯

Q368 ❸歳児〜

\ヒント/
痛くて泣きたくなりますね。

歯磨きをしないとできてしまう
痛いものは、なあに？

こたえ▶ 虫歯

Q369 ❹歳児〜

\ヒント/
腕にできます。

「こぶ」は「こぶ」でも、ぜんぜん痛くない
「こぶ」は、なあに？

こたえ▶ 力こぶ

体のことを楽しめるなぞなぞが40問。
体について興味を持ち始めた子どもたちと楽しみましょう。

Q370 ❺歳児〜

\ヒント/
首の辺りにあります。

体の中にある仏様は、なあに？

こたえ▶ のど仏

Q371 ❸歳児〜

\ヒント/
「あ」って何回言ったかな。

顔にある「あ・あ・あ・あ・あ」
これは、なあに？

こたえ▶ あご

Q372 ❸歳児〜

\ヒント/
「こ」って何回言ったかな。

体にある「こ・こ・こ・こ」
これは、なあに？

こたえ▶ 腰

Q373 ❹歳児〜

\ヒント/
目のそばを指差して。

顔の中にいつもいるブタ。
これは、なあに？

こたえ▶ まぶた

Q374 ❸歳児〜

\ヒント/
曲がるところです。

足にいるこぞうさん。
これは、なあに？

こたえ▶ ひざ小僧

たくさんなぞなぞ 体

Q375 ❹歳児〜

\ヒント/
グーッと鳴ることがあります。

減っても減っても絶対になくならないのは、
なあに?

こたえ **おなか**

Q376 ❸歳児〜

\ヒント/
みんなの指先にあります。

パチンパチンと切っても、
また伸びてくるのは、なあに?

こたえ **爪**

Q377 ❸歳児〜

\ヒント/
くんくん何かおいしいにおい。

顔の真ん中にあるお山。
これは、なあに?

こたえ **鼻**

Q378 ❹歳児〜

\ヒント/
おしゃべりします。

顔の中にあるビル。
これは、なあに?

こたえ **唇**

Q379 ❹歳児〜

\ヒント/
目の上を触ってみて。

おでこに生えている草むら2つ。
これは、なあに?

こたえ **まゆ毛**

Q**380** ❹歳児〜

＼ヒント／
えくぼのできるところです。

おいしい物を食べると、ついうっかり
落としそうになるのは、なあに？

 ほっぺ

Q**381** ❺歳児〜

＼ヒント／
足の太いところです。

果物みたいな名まえなのに
食べられないのは、なあに？

 もも

Q**382** ❸歳児〜

＼ヒント／
お母さんとつながっていました。

おなかのまん中にある
かわいい穴は、なあに？

 おへそ

Q**383** ❹歳児〜

＼ヒント／
答えは、言ってしまいました！

左手ではつかめるのに、
右手ではつかめないのは、なあに？

 右手

Q**384** ❹歳児〜

＼ヒント／
悲しいときに出てきます。

ときどき目から出てくる、
塩辛い水は、なあに？

 涙

たくさんなぞなぞ 体

Q385 ❹歳児〜

\ヒント/
口から出ます。

「くび」は「くび」でも、眠いと出てくる「くび」は、なあに？

こたえ ▶ あくび

Q386 ❹歳児〜

\ヒント/
目にゴミが入らないように守ってくれます。

「マツ」は「マツ」でも木じゃなくて、顔にある「まつ」は、なあに？

こたえ ▶ まつ毛

Q387 ❸歳児〜

\ヒント/
寝るときは閉じます。

絵本を見たり、紙芝居を見たりするとき、しっかり開くのは、なあに？

こたえ ▶ 目

Q388 ❺歳児〜

\ヒント/
座り続けていると切れます。

血は出ていないのに「切れて動けません」。切れたのは、なあに？

こたえ ▶ しびれ

Q389 ❹歳児〜

\ヒント/
暑いとよくかきます。

いっぱいかいたのに、消しゴムでは消せなくて、ハンカチを使うのは、なあに？

こたえ ▶ 汗

Q390 ❹歳児〜

\ヒント/
髪の毛につきます。

朝、目が覚めるとよくわかるくせ。
これは、なあに？

こたえ ▶ **寝癖**

Q391 ❹歳児〜

\ヒント/
料理しながらよくみます。

目では見えないけれど、
舌でみるのは、なあに？

こたえ ▶ **味**

Q392 ❹歳児〜

\ヒント/
お尻でつく「もち」です。

「もち」は「もち」でも
食べられない「もち」は、なあに？

こたえ ▶ **尻餅**

Q393 ❹歳児〜

\ヒント/
止まらないと困りますね。

「クリ」は「クリ」でも
食べられない「くり」は、なあに？

こたえ ▶ **しゃっくり**

Q394 ❹歳児〜

\ヒント/
約束するときにします。

指を切ったのに、切っても切っても
血が出ないのは、なあに？

こたえ ▶ **指切り**

たくさんなぞなぞ　体

Q395 ３歳児〜
＼ヒント／
先生も小さい頃、この虫がいました。

叱られたときやけんかをしたとき、
すぐに泣いちゃう虫は、なあに？

こたえ　**泣き虫**

Q396 ４歳児〜
＼ヒント／
おなかがすいたときに鳴きます。

体の中のまん中あたりで「グーグー」
鳴く虫は、なあに？

こたえ　**腹の虫**

Q397 ４歳児〜
＼ヒント／
お友達の中にもいるかな。

食べるのが大好きなお坊さん。
これは、だあれ？

こたえ　**食いしん坊**

Q398 ４歳児〜
＼ヒント／
布団の中で見ます。

目を閉じているときに見えて、
開けていると見えないのは、なあに？

こたえ　**夢**

Q399 ３歳児〜
＼ヒント／
敷布団にかきました。

朝、目が覚めたらなんだか冷たい地図が
ありました。これは、なあに？

こたえ　**おねしょ**

Q400 ❹歳児〜

\ヒント/
頭にあります。

「かみ」は「かみ」でも絵のかけない
「かみ」は、なあに？

こたえ ▶ 髪の毛

Q401 ❹歳児〜

\ヒント/
おとなはよくこるそうです。

たたいたりもんだりすると、「楽になった」
と喜ばれます。これは、なあに？

こたえ ▶ 肩

Q402 ❹歳児〜

\ヒント/
運動すると音が大きくなります。

体の中からドキドキ音が聞こえます。
これは、なあに？

こたえ ▶ 心臓（心臓の音）

Q403 ❹歳児〜

\ヒント/
血が流れています。

お日様に手をかざしてみると、
赤く見えるのは、なあに？

こたえ ▶ 血管

Q404 ❹歳児〜

\ヒント/
おなかの反対にあります。

後ろにあるのに「なか」っていわれて、
おんぶするときに必要なのは、なあに？

こたえ ▶ 背中

たくさんなぞなぞ なんでも

Q405 4歳児〜

\ヒント/
掃除のときに使います。

「ゾウ」は「ゾウ」でも
ぺっちゃんこの「ぞう」は、なあに？

こたえ ▶ **雑巾**

Q406 4歳児〜

\ヒント/
ほうきと友達です。

ゴミが大好きな「とり」。
これは、なあに？

こたえ ▶ **ちり取り**

Q407 3歳児〜

\ヒント/
掃除のときに大活躍！

長い鼻で、ゴミでもなんでも
吸い込んでしまうのは、なあに？

こたえ ▶ **掃除機**

Q408 3歳児〜

\ヒント/
水と洗剤も使います。

汚れた物をおなかに入れて、
きれいにしてくれるのは、なあに？

こたえ ▶ **洗濯機**

Q409 3歳児〜

\ヒント/
風で飛ばないようにします。

ぬれた洋服をかむのが大好き。
これは、なあに？

こたえ ▶ **洗濯ばさみ**

生活に欠かせない、身の回りのなんでもなぞなぞが30問。
目につく物をなぞなぞにしてみましょう。

Q410 ❸歳児～

\ヒント/
みんなもよく開けるでしょう。

おいしい物を寒い部屋に
たくさん詰め込んでいるのは、なあに？

こたえ ▶ 冷蔵庫

Q411 ❸歳児～

\ヒント/
夏に活躍します。

羽根がぐるぐる回っているのに飛べなくて、
涼しいのは、なあに？

こたえ ▶ 扇風機

Q412 ❹歳児～

\ヒント/
ぽかぽかでネコも大好きです。

当たっても、当たっても、
ちっとも痛くないのは、なあに？

こたえ ▶ こたつ

Q413 ❹歳児～

\ヒント/
熱くなります。

洋服のしわをきれいに伸ばすのが
得意なのは、なあに？

こたえ ▶ アイロン

Q414 ❹歳児～

\ヒント/
スイッチでつけたり消したりします。

暗くなると明るくなって、
明るくなると暗くなるのは、なあに？

こたえ ▶ 電気（電灯）

たくさんなぞなぞ なんでも

Q415 ❸歳児〜
\ヒント/
プールのときも使います。

お風呂から上がったときに使う、
大きな四角のふわふわさんは、なあに？

こたえ ▶ **バスタオル**

Q416 ❸歳児〜
\ヒント/
食べた後のお約束です。

口の中をきれいに掃除してくれる
働き者は、なあに？

こたえ ▶ **歯ブラシ**

Q417 ❹歳児〜
\ヒント/
さっぱりしますね。

家の中なのにジャージャーと
雨が降っても大丈夫なのは、なあに？

こたえ ▶ **シャワー**

Q418 ❺歳児〜
\ヒント/
白くてゆらゆら揺れています。

お湯の上に立っています。
これは、なあに？

こたえ ▶ **湯気**

Q419 ❹歳児〜
\ヒント/
たいてい夜入ります。

足から入って肩から出ます。
これは、なあに？

こたえ ▶ **お風呂**

Q420 ❺歳児〜

\ヒント/
今日は暑いかな？　寒いかな？

暑いとぐんぐん背が伸びて、
寒いとだんだん低くなるのは、なあに？

こたえ ▶ **温度計**

Q421 ❹歳児〜

\ヒント/
声が聞こえます。

かけてもかけてもちっとも前に
進まないのは、なあに？

こたえ ▶ **電話**

Q422 ❹歳児〜

\ヒント/
遊園地にもありますね。

キャーッ！　怖い！　暑さを忘れて
ガタガタ震えちゃう屋敷は、なあに？

こたえ ▶ **お化け屋敷**

Q423 ❹歳児〜

\ヒント/
毎年とります。

赤ちゃんからおとなまで、とればとるほど
増えていくのは、なあに？

こたえ ▶ **年（年齢）**

Q424 ❹歳児〜

\ヒント/
焼きいもがおいしいですね。

落ち葉を集めて火を燃やします。
これは、なあに？

こたえ ▶ **たき火**

 **なんでも**

Q425 ❸歳児〜

\ヒント/
病気のときや予防のときにします。

「チュウ」は「チュウ」でもほっぺにじゃなく、
ちくっと痛い「ちゅう」は、なあに？

こたえ ▶ **注射**

Q426 ❹歳児〜

\ヒント/
トンカチでたたかれます。

頭をトントンたたかれると、
だんだん背が低くなるのは、なあに？

こたえ ▶ **くぎ**

Q427 ❺歳児〜

\ヒント/
丸くて小さい入口があります。

土の上には建っていなくて、
木の上にある小さいおうちは、なあに？

こたえ ▶ **巣箱**

Q428 ❹歳児〜

\ヒント/
電話は110ですよ。

「さつ」は「さつ」でも泥棒が大嫌いな
「さつ」は、なあに？

こたえ ▶ **警察**

Q429 ❹歳児〜

\ヒント/
手を挙げて渡りましょう。

道路にかいてある白いしましま。
これは、なあに？

こたえ ▶ **横断歩道**

Q430 ❸歳児〜

\ヒント/ 赤、黄、青です。

1本足で道路に立って、3つの目で車や人を守っているのは、なあに？

こたえ▶ **信号機**

Q431 ❹歳児〜

\ヒント/ 階段を上ります。

「橋」は「橋」でも、川ではなくて道路にかかっている「橋」は、なあに？

こたえ▶ **歩道橋**

Q432 ❹歳児〜

\ヒント/ 電気を通す線がいっぱいです。

道路の高いところで綱引きしているのっぽさんは、なあに？

こたえ▶ **電信柱**

Q433 ❸歳児〜

\ヒント/ 道端に立っています。

赤い顔に口があって、手紙やはがきを食べてしまうのは、なあに？

こたえ▶ **ポスト**

Q434 ❹歳児〜

\ヒント/ 手紙を出すときぺたんと貼ります。

日本中、世界中、どこへでも行けるきれいな絵の小さな紙は、なあに？

こたえ▶ **切手**

あいうえお 動物

Q435 3歳児〜
\ヒント/ 池にいます。

あ のつくことばで、水浴びが大好きで
ガアガア鳴くのは、だあれ？

こたえ **アヒル**

Q436 3歳児〜
\ヒント/ みんなのうちにもいるかな。

い のつくことばで、散歩が大好きで、
ワンワン鳴くのは、だあれ？

こたえ **イヌ**

Q437 4歳児〜
\ヒント/ つんつんしたえらが自慢です。

う のつくことばで、水の中で暮らす
とぼけた顔は、だあれ？

こたえ **ウーパールーパー**

Q438 4歳児〜
\ヒント/ 大きな襟みたいですよ。

え のつくことばで、怒ると顔の周りが
バーッと広がるのは、だあれ？

こたえ **エリマキトカゲ**

Q439 3歳児〜
\ヒント/ しっぽはなくなります。

お のつくことばで、後ろあしと前あしが出て、
カエルになるのは、だあれ？

こたえ **オタマジャクシ**

「あ」～「ん」までの文字がつく動物なぞなぞが45問。
子どもたちと一緒に考えて作るのも楽しいですよ。

Q440 4歳児～

\ヒント/
温泉が大好きです。

かのつくことばで、ネズミの仲間で大きくて、おっとりした人気者は、だあれ？

こたえ▶ **カピバラ**

Q441 4歳児～

\ヒント/
絵本で読みましたね。

きのつくことばで、夏はあそんでばかり。冬に、困ってしまったのは、だあれ？

こたえ▶ **キリギリス**

Q442 3歳児～

\ヒント/
山の中で暮らしています。

くのつくことばで、金太郎とすもうのけいこをしたのは、だあれ？

こたえ▶ **クマ**

Q443 3歳児～

\ヒント/
大きくなったら見違えます。

けのつくことばで、毛むくじゃら。葉っぱをムシャムシャ食べるのは、だあれ？

こたえ▶ **ケムシ**

Q444 3歳児～

\ヒント/
オーストラリアから来ました。

このつくことばで、おんぶや抱っこがじょうずで、木の上にいるのは、だあれ？

こたえ▶ **コアラ**

あいうえお動物

Q445 ③歳児～

\ヒント/
ウッキッキー。

さ のつくことばで、木登りじょうず。
お尻と顔が赤いのは、だあれ？

こたえ ▶ **サル**

Q446 ③歳児～

\ヒント/
馬の仲間です。

し のつくことばで、体が白と黒の
しましま模様は、だあれ？

こたえ ▶ **シマウマ**

Q447 ④歳児～

\ヒント/
敵に出合うと、くさいにおいを出します。

す のつくことばで、くさくて「好かん」と
言われるのは、だあれ？

こたえ ▶ **スカンク**

Q448 ③歳児～

\ヒント/
成虫は2～3週間の命です。

せ のつくことばで、夏になると出てきて
ミンミンミ〜ンと鳴くのは、だあれ？

こたえ ▶ **セミ**

Q449 ④歳児～

\ヒント/
「そ」は2番目につきます。

そ のつくことばで、海の中でお花
みたいにきれいなのは、だあれ？

こたえ ▶ **イソギンチャク**

Q450 ４歳児〜

\ヒント/
海にいます。

た のつくことばで、竜の子どもみたいな名まえは、だあれ？

こたえ ▶ **タツノオトシゴ**

Q451 ３歳児〜

\ヒント/
頭がいいおサルさんです。

ち のつくことばで、森にすんでいるパンジーは、だあれ？

こたえ ▶ **チンパンジー**

Q452 ４歳児〜

\ヒント/
恩返しの昔話があります。

つ のつくことばで、折り紙でも作れる大きな白い鳥は、だあれ？

こたえ ▶ **ツル**

Q453 ３歳児〜

\ヒント/
赤い体に黒い点です。

て のつくことばで、背中にてんてんがあるのは、だあれ？

こたえ ▶ **テントウムシ**

Q454 ４歳児〜

\ヒント/
お城に住む偉い人は？

と のつくことばで、草むらにいる、偉い名まえの虫は、だあれ？

こたえ ▶ **トノサマバッタ**

あいうえお動物

Q455 ❹歳児〜

＼ヒント／
働かないことをなんていうかな？

な のつくことばで、木にぶら下がって、何もしないのんきものは、だあれ？

こたえ ▶ **ナマケモノ**

Q456 ❹歳児〜

＼ヒント／
ニヒキじゃないですよ。

に のつくことばで、太くて長くて巨大なヘビは、だあれ？

こたえ ▶ **ニシキヘビ**

Q457 ❺歳児〜

＼ヒント／
「ぬ」は真ん中につきます。

ぬ のつくことばで、月夜の晩におなかをポンポコたたくのは、だあれ？

こたえ ▶ **タヌキ**

Q458 ❸歳児〜

＼ヒント／
チューチュー鳴きますよ。

ね のつくことばで、チーズが大好き。前歯でカリカリするのは、だあれ？

こたえ ▶ **ネズミ**

Q459 ❺歳児〜

＼ヒント／
大きなはさみ（あご）を持っています。

の のつくことばで、カブトムシと対戦するのは、だあれ？

こたえ ▶ **ノコギリクワガタ**

Q460 ❺歳児〜

\ヒント/
ハチじゃないのに……。

は のつくことばで、高速ではねを動かし、空中で止まれる小さな鳥は、だあれ？

こたえ ▶ **ハチドリ**

Q461 ❹歳児〜

\ヒント/
人の手にも似ているかな？

ひ のつくことばで、海の中でお星様の形をしているのは、だあれ？

こたえ ▶ **ヒトデ**

Q462 ❺歳児〜

\ヒント/
イタチの仲間です。

ふ のつくことばで、ふにゃふにゃの体で人気のペットは、だあれ？

こたえ ▶ **フェレット**

Q463 ❺歳児〜

\ヒント/
先生の手のひらくらいの長さです。

へ のつくことばで、世界一大きいカブトムシは、だあれ？

こたえ ▶ **ヘラクレスオオカブト**

Q464 ❹歳児〜

\ヒント/
きれいな水辺にすんでいます。

ほ のつくことばで、おしりをぴかぴか光らせて飛ぶのは、だあれ？

こたえ ▶ **ホタル**

あいうえお動物

Q465 ❺歳児〜
\ヒント/
ゾウに似ています。

ま のつくことばで、今はもう絶滅した大きな牙を持つ動物は、だあれ？

こたえ ▶ マンモス

Q466 ❸歳児〜
\ヒント/
「♪オケラだって〜」って歌に出てきます。

み のつくことばで、ずーっと土の中で暮らしている虫は、だあれ？

こたえ ▶ ミミズ

Q467 ❹歳児〜
\ヒント/
あしが100本もあるらしいですよ。

む のつくことばで、あしがたくさんあって靴をはいたら大変なのは、だあれ？

こたえ ▶ ムカデ

Q468 ❹歳児〜
\ヒント/
きれいな黄緑色の小鳥です。

め のつくことばで、白い模様がめがねをかけているみたいな鳥は、だあれ？

こたえ ▶ メジロ

Q469 ❹歳児〜
\ヒント/
木の穴にすんでいます。

も のつくことばで、鳥じゃないのに森の中を飛んでいるのは、だあれ？

こたえ ▶ モモンガ

Q470 ❸歳児〜

＼ヒント／
お手紙を食べちゃいました。

やのつくことばで、草が大好き。
メエメエ鳴くのは、だあれ？

こたえ▶ヤギ

Q471 ❺歳児〜

＼ヒント／
海の近くにいます。

ゆのつくことばで、鳥なのに花の名まえ
がついているのは、だあれ？

こたえ▶ユリカモメ

Q472 ❺歳児〜

＼ヒント／
サメの仲間です。

よのつくことばで、「よし、切るぞ」と、
海の中で張り切るのは、だあれ？

こたえ▶ヨシキリザメ

Q473 ❸歳児〜

＼ヒント／
貝を割るときもおなかの上です。

らのつくことばで、海に浮かんで
おなかに子どもを乗せているのは、だあれ？

こたえ▶ラッコ

Q474 ❸歳児〜

＼ヒント／
えさを両手で持ってカリカリ食べます。

りのつくことばで、ドングリが大好き。
りっぱなしっぽの持ち主は、だあれ？

こたえ▶リス

あいうえお動物

Q475 ❹歳児〜
\ヒント/
「る」は後ろの方につきます。

る のつくことばで、おなかの袋に
赤ちゃんを入れているのは、だあれ？ こたえ ▶ **カンガルー**

Q476 ❹歳児〜
\ヒント/
しっぽがしましまです。

れ のつくことばで、白黒じゃない
「パンダ」って、だあれ？ こたえ ▶ **レッサーパンダ**

Q477 ❹歳児〜
\ヒント/
大きな耳ときれいな目です。

ろ のつくことばで、馬に似ているけれど
小さくて、一生懸命荷物を運ぶのは、だあれ？ こたえ ▶ **ロバ**

Q478 ❸歳児〜
\ヒント/
逆さにしても庭にはいません。

わ のつくことばで、大きな口でパクリ。
のこぎりみたいな歯の持ち主は、だあれ？ こたえ ▶ **ワニ**

Q479 ❹歳児〜
\ヒント/
「ん」はいちばん後ろにつきます。

ん のつくことばで、ネコの仲間。
オスのたてがみがりっぱなのは、だあれ？ こたえ ▶ **ライオン**

PART.2
2歳児 なぞなぞ

ことばの少ない2歳児でも、普段から触れたり
目にしたりしている物なら、特徴を捉えたヒントに
身振り手振りを交えることでイメージを膨らませ、
答えを導き出すことができます。
なぞなぞやクイズで、2歳児のことばへの
興味・関心を膨らませましょう。

❋ 2歳児なぞなぞ ❋

Q480
黒くて、
小さくて、
甘い物が大好きさんは、
だあれ？

 こたえ ▶ **アリ**

\ヒント/
（指で小ささを表現しながら）土の上を並んで歩いています。

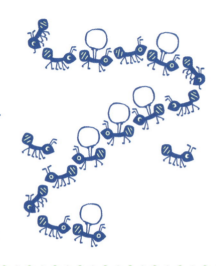

Q481
白黒の模様で、
目の周りが黒くて、
ササの葉っぱが
大好きさんは、だあれ？

 こたえ ▶ **パンダ**

\ヒント/
（両手を望遠鏡のように、目に当てながら）耳も黒いです。

Q482

大きな体で、
長〜い鼻。
パオーンと鳴くのは、
だあれ？

 ゾウ

\ヒント/
（顔の前で片手を左右に振りながら）
のしのし歩きます。

Q483

丸い体で、
しっぽはくるりん。
ブーブー鳴くのは、
だあれ？

 ブタ

\ヒント/
（人差し指でブタの鼻にしながら）食
いしん坊です。

✺ 2歳児なぞなぞ ✺

Q484

ふわふわの
黄色い服を着て、
ピヨピヨ鳴くのは、
だあれ？

 ヒヨコ

\ヒント/
(両手を体側でパタパタさせながら)
ママはニワトリです。

Q485

長いお耳で、
ぴょんぴょん走る、
ニンジン大好きさんは、
だあれ？

 ウサギ

\ヒント/
(両手を頭の上で伸ばして)耳が長い
です。

Q486
丸い形や
四角い形で、
パリパリ音がする
食べ物、なあに?

 せんべい

\ヒント/
ちょっとしょっぱくて、のりを巻いた
のもあります。

Q487
黄色くて、
甘くて、
ぷるるんの食べ物、
なあに?

 プリン

\ヒント/
(食べる動作をしながら)スプーンで
食べますよ。

✳ 2歳児なぞなぞ ✳

Q488
赤くて、丸くて、
小さく切って
サクサク食べる物、
なあに？

 リンゴ

\ヒント/
（両手でリンゴくらいの丸を作りながら）これくらいの大きさです。

Q489
黄色で、
細長くて、
皮をむいてぱくぱく
食べる物、なあに？

 バナナ

\ヒント/
（皮をむく動作をしながら）おサルさんも大好きだって。

Q490

赤くて、
小さくて、
ぱくっ！ と食べると
甘い物、なあに？

こたえ **イチゴ**

\ヒント/
(指で大きさを表しながら)粒々がついていますよ。

Q491

丸くて、
大きくて、
緑と黒のしましま模様、
なあに？

こたえ **スイカ**

\ヒント/
(切るまねをして)中は赤いですよ。

✺ 2歳児なぞなぞ ✺

Q492
まん丸さんが
たくさんで、
皮からつるんと出して
食べる物、なあに？

こたえ ▶ ブドウ

\ヒント/
（親指と人差し指で丸をたくさん作りながら）小さい粒がいっぱいです。

Q493
ポーンと投げると
ころころ転がる
まん丸さんは、
なあに？

こたえ ▶ ボール

\ヒント/
（転がしたり投げたりする動作をしながら）はい、行きますよ。ポーン。

Q494

四角い形に、
絵がいっぱい。
読んでもらうと
楽しいのは、
なあに？

こたえ ▶ **絵本**

\ヒント/
先生やおうちの人が読んでくれますね。

Q495

階段を上って、
おしりで滑る
楽しい坂道は、
なあに？

こたえ ▶ **滑り台**

\ヒント/
すーっと滑ると気持ちがよいですね。

✸ 2歳児なぞなぞ ✸

496

お砂がいっぱいで、
山や川やおだんごを
作ってあそぶのは、
なあに?

こたえ▶ **砂場**

\ヒント/
園の庭にもありますね。

497

赤、白、黄色で、
カップの形の
かわいいお花は、
なあに?

こたえ▶ **チューリップ**

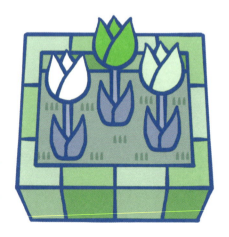

\ヒント/
「♪さいた さいた〜」の歌のお花です。

Q498

ブッブー。
お出かけのときに乗る
四角くて大きい車は、
なあに?

 バス

\ヒント/
降りるときは「ピンポン」しましょう。

Q499

高い空を
飛んでいく
大きな乗り物は、
なあに?

 飛行機

\ヒント/
(両手を広げて飛ぶ動作をしながら)
ブーンブーン飛びます。

✲ 2歳児なぞなぞ ✲

Q500
ポツポツ、ザーザー。
空から落ちてくる
冷たい物は、
なあに？

こたえ▶ 雨

\ヒント/
傘をさしましょう。

Q501
夜の空で
きらきら光る物は、
なあに？

こたえ▶ お星様

\ヒント/
(両手をきらきら動かしながら)くもりや雨の日は見えませんね。

PART.3
ことばあそび

早口ことば／さかさことばと回文／
ことば探し／だじゃれ

❇ 早口ことば ❇

Q502 ❹歳児〜
なまむぎ
なまごめ
なまたまご

Q503 ❹歳児〜
カエルぴょこぴょこ
みぴょこぴょこ
あわせてぴょこぴょこ
むぴょこぴょこ

Q504 ❹歳児〜
あかパジャマ
あおパジャマ
きパジャマ

言えたらうれしい、言えなくても楽しい早口ことばが18問。
何度でも挑戦してみましょう。

Q505 ❹歳児〜
となりの
きゃくは
よくかき
くうきゃくだ

Q506 ❹歳児〜
ぼうずがびょうぶに
じょうずに
ぼうずのえをかいた

Q507 ❹歳児〜
うらにわにはにわ
にわにはにわ
ニワトリがいる

早口ことば

Q508 ❹歳児〜
しんしゅん
シャンソン
ショー

Q509 ❹歳児〜
このくぎは
ひきぬきにくい
くぎだ

Q510 ❸歳児〜
ぱぴぷぺぺぽぱぽ
ぱぴぷぺぺぽぱぽ
ぱぴぷぺぺぽぱぽ

Q511 ❸歳児〜
あかおりがみ
あおおりがみ
きおりがみ

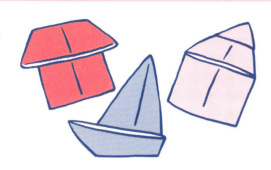

Q512 ❸歳児〜
あめぱらぱらぱら
あられぱらぱらぱら
まめぱらぱらぱら

Q513 ❸歳児〜
おばあちゃん
ひいおばあちゃん
ひいひいおばあちゃん

早口ことば

Q514 ❹歳児〜
さけおむすび
うめおむすび
おかかおむすび

Q515 ❹歳児〜
おしぼり
こいのぼり
ちゃきんしぼり

Q516 ❹歳児〜
アサガオのたね
スイカのたね
ヒマワリのたね

Q517 ④歳児〜
イカのしおから
タコのしおから
ナマコのしおから

Q518 ④歳児〜
とめむすび
たてむすび
ちょうむすび

Q519 ④歳児〜
りょくちゃごくごく
むぎちゃごくごく
ウーロンちゃごくごく

さかさことばと回文

Q520 ❸歳児〜
かさ
⇕
さか

Q521 ❸歳児〜
タイ
⇕
いた

Q522 ❸歳児〜
ナス
⇕
すな

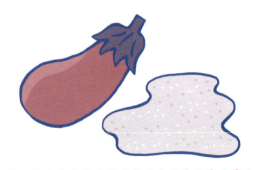

逆さにすると違う意味になることばと回文が18問。
ことばの持つおもしろさを伝えましょう。

Q523 ❸歳児〜
にわ
⇕
ワニ

Q524 ❸歳児〜
シカ
⇕
かし

Q525 ❸歳児〜
クリ
⇕
りく

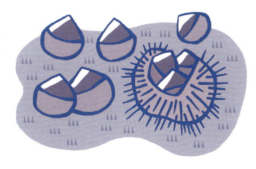

❋ さかさことばと回文 ❋

Q526 ❹歳児〜
ミルク
⇕
クルミ

Q527 ❹歳児〜
イルカ
⇕
かるい

Q528 ❹歳児〜
タイヤ
⇕
やいた

Q529 ❸歳児〜
やおや

Q530 ❸歳児〜
こネコ

Q531 ❹歳児〜
キツツキ

さかさことばと回文

Q532 ❹歳児〜
しんぶんし

ふむふむ

Q533 ❺歳児〜
いろしろい

Q534 ❺歳児〜
このこ
どこのこ

Q535 ❺歳児〜
たけやぶ
やけた

Q536 ❺歳児〜
カモメの
メモか

Q537 ❺歳児〜
たいやき
やいた

✳ ことば探し ✳

Q 538 ❸歳児〜
おにぎり
⇕
おに

Q 539 ❸歳児〜
サラダ
⇕
さら

Q 540 ❸歳児〜
まぶた
⇕
ブタ

ことばの中に、違うことばがかくれんぼしている18問。
ここにあげた例のほかにも見つけてもらいましょう。

Q541 ❸歳児〜
ニワトリ
⇕
にわ・とり

Q542 ❹歳児〜
スイカ
⇕
す・イカ・カ

Q543 ❹歳児〜
ぼうし
⇕
ぼう・ウシ

ことば探し

Q544 ❹歳児〜
かばん
⇕
カ・カバ・かん

Q545 ❹歳児〜
ようかん
⇕
カ・かん

Q546 ❹歳児〜
ミカン
⇕
カ・かん

Q547 ❹歳児〜
カメラ
⇕
カ・カメ
（メカ）

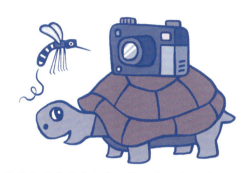

Q548 ❹歳児〜
ぞうり
⇕
ゾウ・ウリ

Q549 ❹歳児〜
クリスマス
⇕
クリ・リス・ます

✲ ことば探し ✲

Q550 ❹歳児〜
バナナ
⇅
なな（7）

Q551 ❹歳児〜
イチゴ
⇅
いち（1）・ご（5）

Q552 ❹歳児〜
サンダル
⇅
さん（3）

＊ここでは数に関連する言葉を取り上げています。

Q553 ❹歳児〜
はちみつ
⇕
はち(8)・みつ(3)

Q554 ❹歳児〜
まんじゅう
⇕
万(10000)・じゅう(10)

Q555 ❹歳児〜
くれよん
⇕
く(9)・よん(4)

✺ だじゃれ ✺

Q556 ③歳児〜
おはよう
⇕
おはようかん
おはヨウグルト
おはようございマスク

Q557 ④歳児〜
こんにちは(わ)
⇕
こんにちワッフル
こんにちワンダフル
こんにちわっはっは

Q558 ③歳児〜
さようなら
⇕
さようなラッパ
さようなラッキョ
さようなラーメン

思わず笑ってしまう究極のことばあそび、だじゃれが15問。
わかりやすい、あいさつのだじゃれから試しましょう。

Q559 ❹歳児〜
ごきげんよう
⇕
ごきげんようかい
ごきげんようこそ
ごきげんヨーロッパ

Q560 ❸歳児〜
こんばんは(わ)
⇕
こんばんワンコ
こんばんワニ
こんばんわんこそば

Q561 ❸歳児〜
いただきます
⇕
いただきマスカット
いただきマスコット
いただきマスクメロン

❋ だじゃれ ❋

Q 562 ❸歳児〜
ごちそうさま
⇕
ごちそうさマントヒヒ
ごちそうさまりつき
ごちそうさまでしたんめん

Q 563 ❸歳児〜
ありがとう
⇕
ありがとうきょう
ありがとうさん
ありがトウガラシ

Q 564 ❸歳児〜
ごめんね
⇕
ごめんネコ
ごめんネギ
ごめんネックレス

Q565 ❸歳児〜
ゾウは
大きいぞう

Q566 ❸歳児〜
ラクダは
らくだ

Q567 ❸歳児〜
ブタが
ぶった

✽ だじゃれ ✽

Q568 ❹歳児〜
イルカは
いるか

Q569 ❹歳児〜
かぶとを
かぶった

Q570 ❺歳児〜
モノレールにも
のれーる

答え引き索引
答えからなぞなぞを探す際にお役立て下さい。

あ行

アイスクリーム	16
アイドル	123
アイロン	139
赤ずきん	128
あか太郎	126
アカトンボ	52
秋	58
あくび	134
あご	131
アサガオ	63
味	135
アジサイ	63
アスパラガス	25
汗	134
アナウンサー	124
アヒル	144
天の川	56
雨	164
アメンボ	52
あや取り	100
アリ	50、154
医者	123
いす	115
イソギンチャク	146
イチゴ	19、159
イチョウ	65
一輪車	74
一寸法師	126
イヌ	144
イネ	64
イルカ	38
ウーパールーパー	144
浮き輪	114
ウグイス	45
ウサギ	156
ウシ	36
宇宙飛行士	123
ウマ	35
海	60
海の日	82
ウメの木	65
梅干し	30
浦島太郎	126
瓜子姫	126
うるう年	97
運転手さん	122
運動会	86
エイプリルフール	76
えくぼ	130
絵本	161
エリマキトカゲ	144
エレベーター	68
遠足	78
園長先生	125
鉛筆	117
鉛筆削り	117
横断歩道	142
オウム	47
オオカミ	34
大掃除	91
大みそか	91
お母さん	78
おしくらまんじゅう	100
おせち料理	95
オタマジャクシ	144
おでん	31
お父さん	80
お年玉	93
お泊まり保育	83
おなか	132
鬼	96
おねしょ	136
おはぎ	16
お化け屋敷	141
おまわりさん	123
おもちゃ	104
親指姫	127
折り紙	105
温度計	141

か行

カ	51
カエル	39
かき氷	16
かぐや姫	126
かくれんぼ	105
かけっこ	87
傘	114
笠地蔵	129
柏餅	18
カスタネット	112
肩	137
肩車	100
肩たたき	86
カタツムリ	39
カニ	41
カピバラ	145
かぶと	77
カブトムシ	53
カボチャ	26
カマキリ	50
紙芝居	115
雷	54
髪の毛	137
カメ	42
カメレオン	40
カラス	45
ガリバー	129
かるた	103
カレーライス	32
川	60
カンガルー	152
看護師	125
元旦	93
キウイフルーツ	21
気球	75
キク	62
キジ	48
キツツキ	46
切手	143
キャベツ	28
キャラメル	14
救急車	69
牛乳	17
キュウリ	23
教科書	99
恐竜	40
キリギリス	145
キリン	34
キンギョ	41
食いしん坊	136
くぎ	142
クジャク	48
クジラ	37
唇	132
靴	119
クマ	145
クモ	51
雲	54
クラゲ	44
クリスマスツリー	90
クリスマスプレゼント	90
クリの木	61
クレーン車	73
クレヨン	111
警察	142
敬老の日	86
ケーキ屋さん	122
夏至	81
消しゴム	118
血管	137
ケムシ	145
けん玉	104
コアラ	145
コイ	41
こいのぼり	77
コーラ	17
腰	131
こたつ	139
コックさん	124
こどもの日	77

語	頁	語	頁	語	頁	語	頁
ご飯	32	信号機	143	タクシー	71	時の記念日	80
ゴボウ	26	心臓	137	タケ	61	時計	116
こま	104	シンデレラ	128	ダチョウ	49	年	141
ゴマフアザラシ	38	新聞紙	116	卓球	109	年越しそば	92
ごみ収集車	72	水泳	108	タツノオトシゴ	147	ドッジボール	107
ゴルフ	109	スイカ	20、159	七夕	81	トナカイ	35
		水筒	79	タヌキ	148	トノサマバッタ	147
さ行		スカンク	146	卵	29	トビウオ	43
		スキー	107	タマネギ	25	トマト	23
サクラ	62	スケート	108	ダンゴムシ	51	友達	110
サクランボ	19	すし	33	短冊	81	トラック	72
サッカー	106	スズメ	46	ダンプカー	72	ドングリ	64
サッカー選手	125	砂場	103、162	タンポポ	63		
サツマイモ	27	巣箱	142	チーズ	29	**な行**	
サメ	44	滑り台	101、161	チーター	37		
ザリガニ	42	ズボン	120	地下鉄	66	流れ星	56
サル	146	すもう	108	力こぶ	130	泣き虫	136
サンタクロース	90	スリッパ	119	竹輪	32	ナシ	22
3匹のこぶた	129	成人の日	95	父の日	80	夏	57
ジェットコースター	75	赤飯	89	千歳飴	89	納豆	31
地震	85	石けん	110	茶碗蒸し	30	納豆の日	82
七五三	88	背中	137	注射	142	夏休み	82
自転車	74	セミ	146	チューリップ	162	七草粥	95
しびれ	134	線香花火	102	チョウ	53	鍋ぶた	121
シマウマ	146	潜水艦	71	チョコレート	14	ナマケモノ	148
写真	116	先生	123	ちり取り	138	涙	133
ジャック	127	洗濯機	138	チンパンジー	147	縄跳び	101
しゃっくり	135	洗濯ばさみ	138	月	55	虹	54
シャワー	140	扇風機	139	月見	87	ニシキヘビ	148
ジャングルジム	102	せんべい	157	ツバメ	46	入園式	76
シュークリーム	18	ゾウ	155	爪	132	入道雲	58
ジュース	17	雑巾	138	梅雨	57	ニワトリ	47
春分の日	98	掃除機	138	ツル	147	人魚姫	129
小学校	98	雑煮	94	ティラノサウルス	40	ニンジン	27
消防士	122	卒園式	99	鉄棒	106	ニンニク	24
消防自動車	69	ソラマメ	25	手袋	119	塗り絵	105
食パン	28			電気	139	寝癖	135
暑中見舞い	84	**た行**		電信柱	143	ネコ	37
ショベルカー	73			テントウムシ	147	ネズミ	148
除夜の鐘	92	大学いも	88	電話	141	年賀状	94
白雪姫	128	太鼓	112	冬至	89	粘土	113
尻餅	135	台風	58	豆腐	30	ノコギリクワガタ	148
シロクマ	36	たい焼き	15	トウモロコシ	24	のど仏	131
新幹線	67	太陽	55	ドーナツ	15	のり	111
進級	115	たき火	141	トカゲ	38		

は行

歯	130
ハーモニカ	111
バイク	70
歯医者さん	122
パイナップル	23
パイロット	124
墓参り	84
ハクサイ	26
ハクチョウ	49
羽子板	103
箸	118
パジャマ	120
バス	163
バスタオル	140
裸の王様	128
ハチドリ	149
はちみつ	33
バッタ	53
初夢	93
ハト	47
パトカー	69
鼻	132
バナナ	20、158
花火大会	85
花屋さん	124
パパイヤ	20
母の日	78
歯ブラシ	140
ハムスター	36
腹の虫	136
ハリセンボン	44
春	57
バレンタインデー	96
パン	28
ハンカチ	110
パンジー	62
パンダ	34、154
はんぺん	31
パン屋さん	125
ピアノ	112
ピーターパン	128
ピーマン	24
飛行機	66、163
ひざ小僧	131
ヒトデ	149
ひなあられ	97
ひな祭り	97
ピノキオ	129
ヒマワリ	61
108回	92
ひょう	59
ヒヨコ	156
プール	102
フェレット	149
フグ	43
フクロウ	48
富士山	60
ブタ	155
ブドウ	21、160
冬	59
フライパン	121
フラミンゴ	49
ブランコ	101
プリン	19、157
ブルドーザー	74
風呂	140
ベーコン	29
へっこき嫁さん	127
へそ	133
ヘビ	39
ヘラクレスオオカブト	149
ヘリコプター	66
ペンギン	45
ヘンゼルとグレーテル	127
弁当箱	79
防災ずきん	85
帽子	113
包丁	121
ボート	70
ボール	160
星	56、164
ポスト	143
ホタル	149
ポップコーン	15
ほっぺ	133
歩道橋	143
本	117
盆踊り	84

ま行

枕	120
松飾り	91
まつ毛	134
マツボックリ	64
まぶた	131
ままごとあそび	106
豆まき	96
まゆ毛	132
マラソン	109
まんじゅう	18
マンボウ	43
マンモス	150
ミカン	21
ミキサー車	73
右手	133
水着	113
水たまり	55
ミツバチ	52
みどりの日	76
ミノムシ	50
耳	130
ミミズ	150
ムカデ	150
虫歯	130
目	134
メジロ	150
メダカ	42
メリーゴーラウンド	75
メロン	22
餅つき	94
モデル	124
モノレール	67
もも	133
桃太郎	127
桃の節句	98
モモンガ	150
森	65

や行

ヤギ	151
焼きいも	88
野球	107
野球選手	125
山の日	83
郵便屋さん	122
遊覧船	71
雪	59
湯気	140
指切り	135
夢	136
ユリカモメ	151
ヨシキリザメ	151
ヨット	70

ら行

ラーメン	33
ライオン	152
ラクダ	35
ラジオ体操	83
ラッコ	151
ランドセル	99
リス	151
リニアモーターカー	67
リュックサック	79
リレー	87
リンゴ	22、158
冷蔵庫	139
レインコート	114
レッサーパンダ	152
レンコン	27
ロープウェイ	68
ロケット	68
ロバ	152

わ行

綿あめ	14
ワニ	152
割り箸	118

Profile
阿部 恵（Megumu Abe）

道灌山学園保育福祉専門学校保育部長、道灌山幼稚園主事。長年、保育者養成に携わりながら、保育雑誌の執筆、講演会など幅広く活躍。パネルシアターの第一人者。著書に『歌おう！あそぼう！バスレクアイディア集 増補改訂版』(学研プラス)『たのしい手あそびうた』(ナツメ社)『たのしいコミュニケーション手遊び歌遊び』(明治図書)など多数。

Staff
編集協力	太丸ミヤ子
デザイン	浅田 潤（asada design room）
表紙・本文イラスト	なかさこかずひこ！
校閲	鷗来堂

Gakken 保育 Books

なぞなぞ&ことばあそび決定版　570問
2017年5月2日　第1刷発行
2021年7月14日　第6刷発行

著者	阿部 恵
発行人	守屋陽一
編集人	坂岸英里
企画編集	猿山智子
発行所	株式会社 学研教育みらい 〒141-8416 東京都品川区西五反田2-11-8
発売元	株式会社 学研プラス 〒141-8415 東京都品川区西五反田2-11-8
印刷所	中央精版印刷株式会社

この本に関する各種お問い合わせ先
- 本の内容については、下記サイトのお問い合わせフォームよりお願いします。
  https://gakken-kyoikumirai.co.jp/contact/
- 在庫については　Tel 03-6431-1250（販売部直通）
- 不良品（落丁、乱丁）については　Tel 0570-000577
  学研業務センター　〒354-0045 埼玉県入間郡三芳町上富 279-1
- 上記以外のお問い合わせは　Tel 0570-056-710（学研グループ総合案内）

© Megumu Abe　2017 Printed in Japan

本書の無断転載、複製、複写（コピー）、翻訳を禁じます。
本書を代行業者等の第三者に依頼してスキャンやデジタル化することは、
たとえ個人や家庭内の利用であっても、著作権法上、認められておりません。
学研の書籍・雑誌についての新刊情報・詳細情報は、下記をご覧ください。
学研出版サイト https://hon.gakken.jp/